Mitos da parentalidade

C183m Caminha, Renato M.
         Mitos da parentalidade : livrando os pais da culpa infundada / Renato M. Caminha. – Porto Alegre : Artmed, 2024.
         xiv, 89 p. ; 21 cm.

         ISBN 978-65-5882-159-5

         1. Psicologia – Dinâmica familiar. 2. Parentalidade. 3. Pais e filhos. I. Título.

                                                              CDU 159.9

Catalogação na publicação: Karin Lorien Menoncin – CRB 10/2147

RENATO M. CAMINHA

Mitos da parentalidade

livrando os pais da culpa infundada

Porto Alegre
2024

© Grupo A Educação S.A., 2024.

Gerente editorial: Letícia Bispo de Lima

Colaboraram nesta edição:

Coordenadora editorial: Cláudia Bittencourt

Capa: Paola Manica | Brand&Book

Preparação de originais: Heloísa Stefan

Leitura final: Dominique Monticelli da Costa

Editoração: TIPOS – design editorial e fotografia

Reservados todos os direitos de publicação ao
GRUPO A EDUCAÇÃO S.A.
(Artmed é um selo editorial do GRUPO A EDUCAÇÃO S.A.)
Rua Ernesto Alves, 150 – Bairro Floresta
90220-190 – Porto Alegre – RS
Fone: (51) 3027-7000

SAC 0800 703 3444 – www.grupoa.com.br

É proibida a duplicação ou reprodução deste volume, no todo ou em parte, sob quaisquer formas ou por quaisquer meios (eletrônico, mecânico, gravação, fotocópia, distribuição na Web e outros), sem permissão expressa da Editora.

IMPRESSO NO BRASIL
PRINTED IN BRAZIL

AUTOR

Renato M. Caminha é psicólogo, professor pesquisador nas áreas de emoções, empatia, educação socioemocional e educação parental. Palestrante e conferencista internacional, é professor convidado do Master em Psicopatologia da Infância e Adolescência da Universidade Autônoma de Barcelona. Diretor de Ensino do InTCC Brasil, membro fundador e ex-presidente da Federação Brasileira de Terapias Cognitivas (FBTC 2005-2007), é presidente e fundador do Congresso de Terapias Cognitivas da Infância e Adolescência (Concriart). Autor de vários livros de terapia cognitiva e voltados à psicoterapia de crianças e adolescentes, desenvolveu o Protocolo Clínico e Preventivo denominado Tríade da Regulação, reconhecido no Brasil e no exterior.

Dedico este livro a Lucas e Vitor, que me ensinaram a ter os meus fantasmas de culpa parental, mas que igualmente me ensinaram a lidar com eles e a resolvê-los. Dedico também a Thalita Rebouças, um modelo a ser seguido na minha carreira como escritor, pelo apoio e pelo amor de sempre. Vocês são minhas fontes de amor, as minhas bases.

AGRADECIMENTOS

Muita gente foi fonte de inspiração para este livro, a começar pelas pessoas que seguem o meu Instagram (@renatomcaminha). Foram elas que, com perguntas em geral relacionadas à culpa parental infundada, me instigaram a produzir esse tipo de conteúdo na minha rede social, o que resultou neste livro. Agradeço a duas grandes amigas que fizeram o papel de leitoras criteriosas, Teia Franzeck e Mirela Manfro, ambas como mães e Mirela como mãe e profissional da saúde mental: vocês foram preciosas para mim neste momento. Agradeço imensamente a Adriane Kiperman pela confiança em meu trabalho e pela oportunidade de publicar pela Artmed, que dispensa comentários quanto a sua qualidade, profissionalismo e ética.

Adoramos a perfeição, porque a não podemos ter; repugná-la-íamos se a tivéssemos. O perfeito é o desumano porque o humano é imperfeito.

Fernando Pessoa

SUMÁRIO

Introdução   1

PAI – Permanente Atestado de Insuficiência   5

MITO 1 – O amor incondicional   10

MITO 2 – A disponibilidade permanente   17

MITO 3 – O saber pleno   23

MITO 4 – Educar uma criança é uma bênção   28

MITO 5 – Educar é uma tarefa predominantemente feminina   37

MITO 6 – Dar limites é impor sofrimento aos filhos   42

MITO 7 – Laços amorosos e duradouros são instituídos pela consanguinidade (e o título de pai e mãe é suficiente para isso)   47

MITO 8 – Punição física pode ser uma forma válida de educação 55

MITO 9 – Se você fizer tudo certo, tudo dará certo 60

ANTÍDOTO – Precisamos de uma escola de pais 65

ATO FINAL – Um breve tratado sobre a culpa 73

INTRODUÇÃO

A infância foi "descoberta", revelada, desvendada – qualquer que seja a palavra a aplicar neste caso – a partir do século XVIII, numa época denominada Iluminismo, quando ocorreu no continente europeu um movimento cultural que gerou uma enorme profusão das artes e, sobretudo, das ciências. A partir desse momento, a infância começou a ser encarada de uma maneira diferente do que se conhecia: uma nova criança fora revelada ao mundo, e isso passou a ser muito significativo na cultura humana desde então.

Se compararmos a ótica do Iluminismo acerca dos pequenos com a visão da infância que se tinha na Idade Média, por exemplo, veremos que há uma grande alteração não apenas conceitual sobre o que é ser criança, mas também na forma de tratamento que a sociedade passou a dedicar a elas e suas famílias. As crianças eram vistas e tratadas, nesse período da história, como adultos em miniatura, não havendo distinção entre tarefas ou vivências que poderiam ser feitas por um adulto ou por uma criança.

No entanto, não podemos falar sobre as mudanças conceituais da infância sem mencionar o seu núcleo de referência básica –

a família. Esta sempre foi um elemento central e de suma importância para que o frágil bebê humano se desenvolvesse e vingasse no hostil ambiente ancestral de uma savana africana, a ponto de poder procriar e perpetuar nossa espécie no planeta. Todavia, a partir do Iluminismo, o binômio família-criança passou a ter uma configuração de *cellula mater* do processo civilizatório emergente: ele passou a ser essencial para a manutenção de uma estrutura social coesa e regida por regras que organizavam as emergentes nações.

E foi assim que a sociedade se tornou pedocêntrica, para usarmos uma palavra informal. As famílias e suas frágeis crianças são, agora, elementos centrais dos novos arranjos sociais. Várias ciências foram criadas para dar conta desse novo ser revelado, sendo a mais importante delas a pedagogia. Afinal, para que um sistema social mantenha estabilidade e coesão, as crianças precisam ser educadas de modo formal e protocolar, e a frase mais representativa disso é "Lugar de criança é na escola". Assim, surgiram os ministérios de educação como peças centrais de um equilíbrio social e despontaram novas áreas do conhecimento, como pediatria, psicologia e, mais recentemente, as neurociências, todas empenhadas em desvendar esse enigma chamado infância, para que o amadurecimento desses pequenos seres ocorresse da melhor maneira e com os melhores estímulos possíveis envolvidos no processo de crescimento.

A romantização da relação familiar entre adultos e crianças foi um movimento iniciado por volta de 1960, quando se levou a extremos a visão de fragilidade e inocência infantil. Vale lembrar que o mundo, nessa época, fervia com ideias libertadoras e movimentos avessos a qualquer forma de opressão. O amor era o elemento central da década – e nada mais meigo do que difundir o amor na forma de bebês fofos e sorridentes. Nesse período da história cultural, surgiram as revistas dedicadas aos pais no intuito de que eles fossem capazes de conhecer as suas crianças e facilitar um desenvolvimento saudável para elas. O mercado infantil proliferou, englobando desde vestuário e brinquedos até o mundo editorial.

O grande problema é que as informações que passaram a ser veiculadas sobre a relação entre pais e filhos eram oriundas mais das redações de jornais e revistas do que das universidades. Os pais entraram na década de 1970 com a impressão de que precisavam pôr abaixo toda forma de educação que haviam aprendido até então e aderir à modernidade. Mas acontece que essa modernidade não tinha um caminho: a ideia era simplesmente desconstruir.

Dizer não e dar limites aos filhos poderia soar como castração de suas individualidades, com importantes danos futuros a sua personalidade! Apesar de exageros e equívocos, a sociedade começou a se tornar mais vígil com relação às crianças, o que teve seu lado excelente: por exemplo, no final dos anos de 1980, foi criado um estatuto específico da criança e do adolescente com o intuito de protegê-las verdadeiramente sob a regência da lei, inclusive de suas próprias famílias.

Em meu trabalho como terapeuta, escutei inúmeras falas de pais que tinham todas o mesmo sentido: "Me dizem o que eu não posso fazer, mas ninguém me diz o que e como devo fazer". Eis uma questão deveras complicada no ato de educar. Crianças não são bolos que podem ser reproduzidos a partir de receitas; cada criança precisa de estímulos diversificados para seu desenvolvimento saudável. Como diz uma amiga querida, elas não nascem com manual, mas com bula. Precisamos ler a criança e, como numa bula, o que será prescrito depende de muitas variáveis – ou seja, o temperamento de cada criança em questão, associado ao ambiente no qual ela vive.

Trabalhar com educação parental é, portanto, atuar com a difusão da informação científica de tudo aquilo que a ciência já conhece sobre cada uma das fases do desenvolvimento da criança e do adolescente e acrescentar na equação a avaliação das necessidades de cada criança ou adolescente, mais o estilo parental dos pais. Pronto! Não há, definitivamente, nenhuma receita de bolo replicável ou padronizada no ato de educar.

Ditar regras sobre o que é certo e errado é a moda atualmente, havendo uma proliferação de fórmulas prontas, soluções mágicas e cursos de educação parental nos canais e mídias digitais. Muita gente virou Ph.D. e mentor no assunto sem nem sequer ter estudado e vivenciado o tema profissionalmente. O problema da massificação e generalização de orientações é que, se não funcionar, a culpa é de quem? Adivinhe! CULPA passou a ser o mote dos pais, e empoderamento foi a reação das crianças diante de tudo isso. A culpa é mantida, de modo geral, pela desinformação, ou pelo acesso a uma informação não científica e moralista. Assim, a ideia é abordar neste livro alguns dos principais mitos que a sociedade nos vende como verdades sobre ter filhos e que servem apenas para nos encaminhar para a masmorra do autoflagelo.

PAI – PERMANENTE ATESTADO DE INSUFICIÊNCIA

O exercício da parentalidade é árduo, diferentemente do conto de fadas que nos é narrado pela sociedade. A labuta do dia a dia exige que tenhamos uma grande capacidade de tolerância à frustração e muita energia para dar conta de todas as demandas de nossos filhos.

A maior parte da vivência familiar é marcada por tarefas rotineiras e cansativas em um dia normal: tomar banho, escovar dentes, vestir as roupas, tomar café da manhã, tudo relativamente cronometrado para não haver atrasos em cadeia – ou seja, tudo muito sensível a estresse. São várias as tarefas a cumprir ao longo do dia até que a família se reencontre para o jantar. Rotina, pura rotina. Se algo der errado, compromete todo o sistema; afinal, como vai ser caso alguém se atrase, caso alguém se esqueça de algo? Quem vai pagar a conta? O planejamento cotidiano de uma família é um sistema em rede: as coisas estão geralmente conectadas, e qualquer falha individual afeta toda essa ordem. É difícil que sobrem grandes momentos mágicos diante dessa realidade cotidiana ao longo da tumultuada semana, pois voltar para casa no fim do dia requer dar conta das tarefas noturnas e preparar tudo de novo para o dia seguinte, e tudo isso se torna quase um sinônimo de estafa e pouca disposição para brincar com os filhos.

O fim de semana seria supostamente o momento de convívio mais prazeroso e constante. Seria – se a realidade não fosse pontuada pelo trabalho que levamos para casa, além do cansaço extenuante que nos impulsiona em direção ao sofá ou, ainda, pela necessidade que temos de cuidar um pouco de nós mesmos, de investir em lazer ou no cuidado pessoal, seja na academia, no salão de beleza ou num café com amigos.

Na outra ponta da história, há filhos em casa solicitando atenção, afeto, tempo ou demandas materiais. De fato, eles estão cobertos de razão, pois crianças e adolescentes precisam mesmo de muito investimento parental e, afinal, foram os pais que os colocaram no mundo – isso é fácil de entender. Há ainda a sociedade cobrando a perfeição e o prazer associados ao privilegiado ato de educar crianças e adolescentes, e com isso ficamos com a permanente e constante sensação de débito e falta.

A equação que envolve vida pessoal e anseios particulares não costuma fechar facilmente na parte que toca ao gerenciamento de filhos. Tampouco tais questões costumam ser pensadas antes de decidirmos pela parentalidade.

O que costuma resultar disso tudo? Culpa, é claro! Os filhos precisam de atenção e cuidados, a sociedade exige a perfeição parental, e a realidade e a fantasia da parentalidade são uma conta que não fecha – portanto, a culpa é o único resultado plausível.

Minha vivência de terapeuta, de educador parental, mas sobretudo de pai, me ajudou a criar um acrônimo, meio na brincadeira, mas que acabou sendo bem sério, o qual chamei de PAI: permanente atestado de insuficiência. É importante ressaltar que esse acrônimo vale também para as mães, ou melhor, para a parentalidade em geral, seja lá por quem ela for exercida.

Se a representação social da parentalidade envolve pais permanentemente calorosos e pacientes e crianças obedientes e amáveis em suas condutas, qualquer coisa que se desvie desse roteiro de filme nos faz pensar que algo está fora do lugar. Não há maneira de cumprirmos esse roteiro como pais, nem há como nossos filhos o cumprirem também. Somos naturalmente insuficientes como pais, e nossos filhos são insuficientes como filhos para nos gratificar. Somos insuficientes para eles como supridores de suas necessidades, e esta é a realidade – a realidade da insuficiência permanente.

Sob a ótica social, se nossos filhos fazem birra em público (e até parece que os filhos dos outros não o fazem), sentimos culpa; se nossos filhos estão com roupas esquisitas (afinal eles quiseram se vestir sozinhos), nos sentimos julgados; se eles têm seletividade alimentar, logo nos jogam na cara: "Esse menino se alimenta muito mal". Adivinhe de quem é a culpa? Se o filho tem uma conduta mal-educada, não que necessariamente seja mal-educado de modo geral, você não o educou direito; se ele bateu num colega da escola, sua família deve ser desordenada e agressiva; se ele está triste, deve ser falta de amor; se ele é agitado, você não deu limite. Sabe o jogo Cara ou Coroa? Nesse caso, *coroa*, você perde; *cara*, seu opositor ganha – ou seja, estamos falando de um caso perdido!

Na adolescência, se ele se envolver com drogas, andar com gente que não é bacana, ter condutas hostis, gazear aula, tirar notas baixas, ter atividade sexual seja ela qual for, tomar um porre, o dedo da sociedade vai apontar impiedosamente para sua cara, e você tenderá a acusar o golpe sentindo adivinha o quê? CULPA!

Temos a mania de focar no outro para tirar o foco de nós mesmos, algo do tipo "isso só acontece na casa dos outros, e não na minha". Mas quando o assunto são crianças e adolescentes, estamos falando de fenômenos que tendem a se repetir de modo universal, independentemente de cultura e nível socioeconômico.

Não estamos falando, portanto, de coisa de "gentalha" mal-educada; estamos falando de gente como a gente, apenas isso.

Já sob a ótica dos filhos, apontar nossas falhas é sua especialidade, e isso não é um ato consciente. Eles são apenas crianças e adolescentes sendo eles mesmos. Deparamo-nos com isso o tempo todo – são aquelas falas do tipo "Eu não queria ir embora", comuns depois de algumas horas na festa do amigo, no zoológico, no parque, no banho (sim, aquele mesmo banho que ele não queria tomar de jeito nenhum – e do qual agora não quer mais sair) ou aquelas reações a nossas mais diferentes propostas: vamos viajar nas férias para a praia, para a montanha, para o exterior, para o interior, para a Lua, seja aonde for, vamos comer *pizza*, hambúrguer, churrasco. Enfim, os filhos tendem a mostrar a imperfeição do que propomos a eles, essa sensação de que sempre faltou algo.

As mulheres, ainda impregnadas por ideias machistas estruturais, cobram-se permanentemente por suas insuficiências. Qualquer coisa que lhes seja atraente fora da relação da maternagem soa como interesse inconveniente ou até egoísmo – afinal, a prioridade agora é cuidar de filho. O resultado é a culpa.

Os homens estão se desassossegando, mesmo que devagar, do tradicional lugar de provedores da família e se autorizando a participar das tarefas e dos cuidados básicos dos filhos com mais frequência. Buscam um ajuste entre ter de trabalhar e estar com os filhos e, diante da complexa matemática em questão, deparam-se com o quê? Culpa.

Por isso o acrônimo PAI: permanente atestado de insuficiência. Penso que uma relação entre pais e filhos, norteada pela honestidade, precisa passar por esse processo de assumir exatamente nossa imperfeição e nossas insuficiências.

Para que tenhamos uma relação verdadeira e não idílica, como a sociedade nos exige, diga a seus filhos que você erra e errará muito ao longo de sua vida como pai e fora dela também, diga a eles que aceita os erros deles e suas respectivas imperfeições, mas que uma relação sólida, baseada na empatia e no cuidado genuíno com o outro, faz as falhas se tornarem menores do que os atos de afeto e cuidado. Relacionamentos nos exigem a capacidade constante de tolerância à frustração – a parentalidade é um dos maiores exemplos disso! E essa capacidade deve ser bilateral, isto é, tanto dos pais quanto dos filhos, pois assim evitamos ficar na linha de tiro de cobranças e apontamentos de nossas imperfeições e faltas.

MITO 1 –
O AMOR INCONDICIONAL

"Agora você vai conhecer de verdade o que é o amor incondicional; afinal, trocamos de parceiros nas relações amorosas, rompemos com amigos e familiares, mas com os filhos mantemos o amor para toda a vida e de modo irrestrito." Essa é uma fala muito corrente das pessoas a nossa volta quando optamos pela parentalidade.

Vamos começar analisando a palavra "incondicional". No dicionário da língua portuguesa, assim encontramos sua definição: "que não depende de, não está sujeito a qualquer tipo de condição, restrição ou limitação; incondicionado".

Por acaso você não impõe nenhum tipo de condição em seu relacionamento com seu filho? Você aceita tudo? Não coloca nenhuma restrição, não pune, não limita seu filho?

Se isso ocorrer, desculpe, mas você está criando um ser inábil para viver em sociedade, levando-se em conta que ele não vai desenvolver empatia, um item fundamental para a inserção social e a vida em coletividade. Você criará uma pessoa sem limites, que não será capaz de respeitar e acatar as regras e os interditos que a sociedade nos impõe para a vida coletiva. Aliás, podemos afirmar que a condição de incondicional é impossível de ocorrer na relação entre duas ou mais pessoas, seja com quem for. Em algum momento, você vai dizer não, você não vai concordar, não vai aceitar e vai julgar o comportamento de seus filhos ou de quem quer que seja. Portanto, precisamos ter muito cuidado quando vendemos essa sentença aos pais. Ela é apenas mais um caminho seguro para chegarmos à culpa. Afinal de contas, você falhará em seu amor incondicional diante de qualquer condição que não consiga aceitar, acatar ou suportar.

O amor não é uma emoção selada por decreto. É evidente que, na relação de parentalidade, há diversos mecanismos biológicos que aumentam significativamente a probabilidade de nos vincularmos de modo muito estrito a nossos filhos, com fortes tendências de proteção e troca de afeto com eles. Porém, como em qualquer – ATENÇÃO! QUALQUER – relação humana, tudo dependerá de uma bilateralidade relacional. Estamos falando, nesse caso, de uma via de mão dupla que se retroalimenta.

Se você tem mais de um filho, isso fica ainda mais fácil de entender. Um deles pode ter um comportamento afável, colaborativo, compreensivo e carinhoso, enquanto o outro pode ser de relacionamento mais difícil, apresentando características diametralmente opostas às do primeiro filho. A complexidade das relações é tamanha que o difícil para você pode ser o fácil para seu companheiro ou companheira. Mas será que isso quer dizer que, pelas características descritas, você ama mais o filho número um do que o filho número dois? A resposta é "não necessariamente": o amor é incomensurável e depende de inúmeros momentos e interações. A intensidade do amor é aplicável a instantes – ela é *mutatis mutandis*.

Nas relações humanas, que são basicamente multifatoriais, tudo pode mudar com um bater das asas de uma borboleta na China, para citar a teoria do caos e a segunda lei da termodinâmica, a entropia, que nos demonstra o princípio permanente da inconstância. Assim são as relações de amor entre humanos: são relações construídas nas quais o cargo de pai ou de filho não garante a qualidade do relacionamento de modo perpétuo.

Na prática, você não tem que gostar de seus filhos o tempo todo, nem eles de você. A cada ciclo da vida, o amor irá se transmutar, e para onde ele vai dependerá da ação dos membros envolvidos na relação. É como se estivéssemos jogando um sensível jogo de pingue-pongue, no qual as sequências de jogadas envolvem ações que podem ser gratificantes ou frustrantes. Na relação parental, assim como em qualquer outra forma de amor, elas serão de ambos os tipos – estresses e delícias, delícias e estresses. Se levarmos em conta as enfadonhas rotinas, lidar com estresse diário deve ser uma inerente qualidade parental.

Agora vamos à pergunta que não quer calar: onde está o tal amor incondicional? Em lugar nenhum? Seria ele o pote de ouro no final do arco-íris, algo metafísico, surreal?

Vamos relativizar um pouco: o que nos faz acreditar que o amor parental seja incondicional é o fato de ele ser, em grande parte, diferente de outras formas de amor. Quando conseguimos estabelecer uma relação de apego seguro com nossos filhos (o que implica desenvolver empatia, saber frustrar e ser frustrado, além de se sentir nutrido amorosamente numa contrapartida que envolve o retorno que eles dão), esse amor de fato possui uma força e uma constância diferentes. Ao longo da vida, mudamos de marido, de mulher, de amigos, somos capazes até de romper com familiares consanguíneos, mas tendemos a continuar amando e nos preocupando com nossos filhos por mais que eles cresçam. Talvez essa seja a tendência que nos conduz a crer que tal forma de amor seja incondicional.

Acontece que a relação de apego é inconstante e depende das vicissitudes, de tudo aquilo que está acontecendo em determinados períodos da vida. A conclusão disso é que, se não houver investimento bilateral nessa relação amorosa, ela não se garante em qualidade e longevidade por si só.

No período da infância, as crianças interagem com os adultos via comportamentos que são formas de reação ao meio; portanto, são menos conscientes e intencionais. Entretanto, vários desses comportamentos são capazes de ativar nos pais frustrações e reatividades que podem vir a comprometer o nível de investimento afetivo nos filhos. Os pais têm uma história de vida que pode ajudar ou prejudicar a maneira de enxergar os fatos e as ocorrências do dia a dia, tanto positivas quanto negativas, na relação com os filhos. O sistema todo é muito sensível e não há garantia de estabilidade: entender isso é fundamental.

À medida que a criança se aproxima da adolescência e da vida adulta, mais vai adquirindo consciência, e mais sensível a relação parental fica; afinal, a partir de então haverá muito mais intencionalidade nas expressões emocionais entre pais e filhos. O bom nível de relacionamento é diretamente dependente dessa interação. Claro que estresses são normais e esperados, mas lembremos que agora temos a interação de dois sistemas de consciência e de interpretação dos fatos. Um gesto de cuidado pode soar como uma forma de controle, uma palavra de estímulo pode soar como uma crítica... Tudo pode acontecer nesse caldeirão de interatividade multifatorial. Há momentos em que nada é o que parece ser, e isso dependerá de como o outro vai interpretar o ocorrido.

A realidade da vida nos mostra que, mesmo quando relações parentais começam de modo saudável, as coisas podem deteriorar-se com o tempo, de maneira que muitas relações se mantêm mais pelas obrigações do que pelos afetos, mas o oposto também é verdadeiro: relações estressantes no início podem se tornar muito gratificantes no futuro.

Se levarmos em consideração o grande número de idosos que são abandonados por seus filhos e o significativo número de adultos que abandonam suas crianças, notamos que, apesar de todo o impulso inicial que a biologia nos dá para que o apego aconteça, isso não parece ser o suficiente para garantir a perpetuidade do amor.

Não basta ter em mente que relações parentais são incondicionais e eternas: elas precisam ser nutridas como qualquer outra relação afetiva. Porém, vivemos crentes – pois assim nos ensinaram – de que o amor incondicional existe e pauta a relação com nossos filhos, e qualquer coisa diferente disso está errada. É nesse momento que nossa falibilidade entra em campo; é o confronto entre o que eu tenho de fato e o que eu deveria ter para estar de acordo com o que as pessoas esperam de mim na minha relação com os meus filhos. Diante de uma moral e costumes tão duros, não ousamos desmitificar ou questionar aquilo que tem a estrutura de um dogma. Soa quase como uma heresia tirar o manto romântico da parentalidade e passar a encará-la com as dificuldades e com as delícias que ela proporciona. Uma questão a ser desmitificada é que as dificuldades superam, em número e grau, as delícias e que há momentos de desespero, solidão e injustiça – afinal, tanta dedicação, por vezes, é tão pouco retribuída... Se não estivermos nutridos de informações, de dados de realidade sobre as naturais ambivalências que vamos sentir, o caminho nos levará à culpa.

A culpa é uma emoção e, como tal, tem grande importância em nossa vida. Se não nos sentíssemos culpados eventualmente, não seríamos reflexivos, autocríticos e capazes de mudar nossa conduta; todavia, estar condenado à culpa por processos naturais que desconhecemos não é justo conosco. Afinal, se o conhecimento nos ajuda a lidar melhor com situações de estresse que são esperadas, por que então não somos informados acerca disso?

A sociedade costuma ser conservadora em seus dogmas, pois ela mantém sua relativa estabilidade justamente pelos conjuntos de verdades que a compõem. Ao mexer com dogmas sociais, enfrentamos resistência, pois corremos o risco de desestabilizar um sistema – supostamente – equilibrado. Supostamente, porque vendemos um conceito sobre filhos e educação que não é factível com a prática cotidiana do ato de educar. Um grande número de pais percebe isso e se queixa; então, por baixo dos panos, algumas almas se rebelam e acham tudo isso muito injusto, enquanto outras, por sua vez, acatam os conceitos sociais e trazem para si o fracasso diante das vivências educativas cotidianas, o que demonstra que o sistema não é fiel ao que prega.

Felizmente, mesmo que a passos curtos, essa realidade está mudando. As vozes ativas nas ciências do comportamento e na sociedade em geral estão atuando na defesa, na proteção e na desculpabilização do papel exercido pelos pais. Obviamente, falamos aqui de pais engajados, empáticos e responsáveis diante de sua função de cuidar de um ser humano totalmente dependente e que não implorou para nascer, o que é bem diferente de pais negligentes, abusivos e desconectados em relação a seus filhos; esse tipo de pai não costuma demonstrar culpa, muito menos a necessidade de se aprimorar e se informar sobre parentalidade e educação saudável.

Então que fique claro para o bem-estar geral de pais e filhos: cada vez que você, mãe ou pai, na função parental, se sentir culpado por não estar amando seu filho como supostamente deveria, lembre-se de que há inúmeras situações com as quais você não concorda, não se sente confortável, em relação às quais se sente esgotado ou injustiçado por demandas contínuas, e tenha em mente que aquilo que você está sentindo é legítimo e transitório. Não se assuste!

Entenda que as emoções comunicam o que sentimos mesmo que nosso pensamento não esteja totalmente de acordo com aquilo. Seguindo essa lógica, sentir raiva de um filho pode ativar o pensamento culposo: "Como posso sentir raiva de alguém que eu deveria amar incondicionalmente?". Talvez essa culpa não apareça com tanta clareza assim em sua cabeça – talvez ela esteja mais disfarçada em sentenças do tipo: "É errado, eu não deveria sentir isso; afinal de contas, é meu filho, e eu queria tanto ser mãe, queria tanto ser pai!".

Sendo as emoções fenômenos biológicos incontroláveis (assim como a fome ou a sede) e tendo as emoções uma semântica (ou seja, elas comunicam algo, nos trazem uma mensagem), seria possível que não sentíssemos afetos desagradáveis por quem amamos? Definitivamente não! Isso seria absolutamente antinatural.

Não confunda ter emoções desagradáveis por quem você ama com fazer mal a quem você ama ou, ainda, negligenciar quem você ama. Sentir emoções desagradáveis naturaliza e contribui para a manutenção de relações longitudinais saudáveis: você aprende a lidar com as imperfeições do outro e vice-versa. É mais fácil que relações nesse formato sejam mais duráveis e respeitosas do que relações nas quais "engolimos sapos" em sequência e em que somos mais suscetíveis a distanciamentos ou rompimentos por termos nos levado a extremos em nome de crenças incompatíveis com o mundo real. Esse é o tipo de informação que segue na via oposta de tudo aquilo que imaginamos e do que nos ensinaram.

MITO 2 – A DISPONIBILIDADE PERMANENTE

Quando embarcamos na parentalidade, temos a sensação de que qualquer desejo de estar longe de nossos filhos, de ter um espaço de tempo a sós, para o trabalho, para compartilhar com outras pessoas, amigos, familiares ou até nosso parceiro afetivo, é um tremendo egoísmo. Parentalidade é renúncia, ensina a sociedade. Essa afirmativa é verdadeira? É falsa? É tanto verdadeira quanto falsa. Tudo é relativo nessa equação cuidador-criança, e as renúncias não podem ser interpretadas como plenas, caso contrário nos depararemos com mais uma meta inalcançável da educação.

Vamos fundamentar um pouco mais esse tema. Somos oriundos da savana africana, onde os primeiros primatas hominídeos deram origem à espécie chamada de *sapiens*, que, em suma, somos nós.

Sem a menor sombra de dúvida, uma das principais características que possibilitaram ao *sapiens* a ampliação do processo de socialização, bem como o relativo grau de domínio da natureza a ponto de não sermos mais presas fáceis de outras espécies, é a capacidade de colaboração e cooperação, ambas derivadas de uma função básica para a formação de grupos, que se chama empatia.

Empatia, por sua vez, é a matriz de todo o processo de uma socialização civilizada e saudável, podendo ser definida como a capacidade de nos colocarmos no lugar do outro, de tal modo a sentir o que o outro sente em toda sua dimensão, seja na emoção, na cognição ou no impacto dessa emoção e dessa cognição em nível social. É a empatia que instiga que tenhamos algum grau de sacrifício pessoal em prol de nossa comunidade; caso contrário, individualidades acentuadas enfraqueceriam o tecido social.

Portanto, empatia, colaboração, cooperação e as demais funções correlatas, como compaixão e altruísmo, sempre estiveram presentes como tendências básicas das relações humanas. O que isso tem a ver com o mito da disponibilidade permanente? Tudo, pois as informações de nossas origens humanas irão ajudar a desconstruir mais esse conceito culpabilizante que a sociedade nos incute.

Exatamente por esse sentido gregário, somos tendenciosamente cooperativos e preocupados com o bem-estar das pessoas à nossa volta. Os primeiros agrupamentos humanos giravam em torno de cento e cinquenta membros em sua configuração social, o que permitia que os membros da comunidade pudessem gozar de algum nível de proximidade ou intimidade, o que hoje é impossível dada a complexidade do tecido social.

É notória a demanda energética que um bebê humano requer de seus cuidadores, e, num ambiente ancestral, cuidar de uma criança era uma tarefa que exigia razoáveis níveis de colaboração por parte de outros membros da comunidade, pois esse era o verdadeiro espírito do sentido grupal. Cooperar e colaborar agiam como matrizes do desenvolvimento social devido às trocas de conhecimento nos mais diversos níveis, tanto de tecnologia quanto de relações humanas que envolviam a maternagem.

Nas comunidades ancestrais das savanas, crianças a partir dos 2 anos de idade entravam num processo de rodízio maternal referente a suas necessidades de proteção e cuidados básicos. Evidentemente havia momentos exclusivos e necessários de convívio mais intenso com as referências afetivas básicas, ou seja, os pais, mas o exercício de ser cuidado por outras pessoas confiáveis facilitava o desenvolvimento infantil para a própria difusão dos vínculos e maior conexão comunitária. À medida que a criança ia crescendo, maior seu nível de independência parental e maior a inserção em sua comunidade. É como se houvesse uma transferência de cuidados: quem nos protege agora é mais nossa comunidade e menos nossos pais, e isso ocorria justamente pela difusão de vínculos emocionais promovidos por esse rodízio de cuidados parentais. Como sabemos disso? Há agrupamentos humanos, tribos, comunidades que vivem isolados do processo global e tecnológico e que reproduzem esse modo de viver. Esses grupos, chamados por antropólogos de fósseis vivos, são uma excelente fonte de parâmetros comportamentais humanos pré e pós-processo civilizatório.

O século XVIII foi revolucionário para a mudança de padrões sociais devido à "descoberta" da infância e ao papel da família como ponto central de equilíbrio da nova configuração social, conforme citado no capítulo introdutório. Foi essa tendência de família nuclear central que favoreceu a restrição da convivência social, e foi assim que a vida privada se tornou um costume a ser cultivado e almejado. A família com filhos passou a ser uma *cellula mater* do Estado.

Há uma relação direta entre o encapsulamento familiar e o corte de redes de apoio social mais amplas. O convívio preferencial é agora dos laços familiares e, prioritariamente, consanguíneos.

Ter filhos é uma enorme renúncia, sem sombra de dúvida. Com filhos, renunciamos a certo grau de nossa autonomia, a noites de sono, intimidade conjugal, convívio social, carreira, viagens, enfim, uma gama de outras situações e privilégios que teríamos se não houvéssemos optado pela parentalidade. Todavia, não deve ser, para o bem-estar de todos, uma renúncia plena nem culposa quando você necessita estar afastado; caso contrário, você não consegue sequer relaxar ou aproveitar momentos íntimos pessoais, pois a culpa corrói seu prazer. Precisamos entender de modo definitivo que o afastamento intermitente, programado e planejado é saudável e necessário ao equilíbrio de todo o sistema familiar e que não há, absolutamente, nada de errado nem motivo de culpa e autoflagelo nisso.

Agora passemos ao fundamento dessa afirmativa. Precisamos nos apoiar sempre no conhecimento científico, pois ele é o caminho para a libertação. E, quanto a esse assunto, a ciência pode, mais uma vez, nos ajudar bastante. Há um fenômeno cognitivo muito estudado por psicólogos chamado de exaustão do eu, que metaforicamente pode ser descrito como a necessidade de recarregar as energias de nossa consciência, sobremaneira depois de fortes processos de desgaste atencional.

Tarefas repetitivas, contínuas, ações que requerem muita atenção, exigências que visam à resolução constante de problemas e de gerenciamento de estresses intermitentes nos levam à tal exaustão do eu, que nada mais é do que o esgotamento de nossa capacidade de foco nas tarefas que nos demandam atenção ou que exijam direcionamento cuidadoso e empático ao outro.

Pessoas que se dedicam diariamente ao cuidado dos outros, seja em abrigos de crianças, hospitais, organizações não governamentais que cuidam dos animais, da natureza, dos desabrigados, terapeutas, professores que passam o dia dando o melhor de si aos demais, ouvem de seus entes queridos muitas queixas do tipo: "Você tem paciência para todo mundo, mas chega em casa e está sempre esgotado ou irritado". Normal – eis a exaustão do eu personificada.

Agora vejamos o mito da disponibilidade permanente. Crianças, adolescentes e gerenciamento familiar cotidiano são extremamente estressantes. Se você acreditar que necessita estar disponível em tempo integral para resolver toda a diversidade de demandas que surgem no contexto educacional e familiar, você está querendo que sua biologia desempenhe um papel para o qual ela não foi desenhada. Aprenda com seu telefone celular: a energia da bateria acaba e precisa ser recarregada.

Você, por acaso, sabia que quanto maior o tempo despendido com quem depende muito de nós, sejam crianças, idosos, pacientes internados, alunos, menor a qualidade do cuidado e da capacidade de conexão empática com o outro? Você sabia que ocorre um fenômeno denominado desatenção seletiva? Ou seja, você perde a capacidade de prestar atenção em coisas nas quais prestaria se não estivesse esgotado. Você sabia que a desatenção seletiva gerada pelo esgotamento cognitivo e físico leva a um comportamento denominado negligência moderada? Você sabia que, quando estamos sofrendo o efeito da exaustão do eu, emoções desagradáveis – como culpa, tristeza, raiva, nojo e medo de falhar – ficam mais ativadas e que as respostas emocionais podem ser mais impulsivas, isso tudo devido à fadiga, à redução da empatia, à desatenção seletiva e ao aumento da negligência moderada? E você sabia que tudo isso se reflete no modo como você pensa? Que seus pensamentos ficam mais negativos e, por pensar coisas negativas sobre quem você "deveria amar incondicionalmente e para quem deveria ter tempo integral de maneira inabalável", com um sorriso no rosto, você ativa ainda mais culpa, tristeza, nojo, medo e raiva, por não conseguir sair desse círculo vicioso? Ser mãe e pai não é necessariamente "padecer no paraíso" conforme a sociedade nos ensina – aprenda isso!

Você sabia que existe uma teoria acerca da capacidade de termos mais regulação emocional e desfrutarmos da vida com mais qualidade que se chama a Teoria dos Três Oitos? Conforme essa teoria, a equação de nosso tempo diário deveria ser fracionada em três oitos: oito horas para dormir, oito horas para trabalhar e oito horas para o ócio criativo.

Se você tiver filhos pequenos, dormir oito horas será um luxo, um prêmio de loteria. Como a realidade não é assim, temos aqui mais um motivo pelo qual você deveria ter algum tempo para cuidar de si, mesmo com um bebê pequeno em casa.

Com o sono afetado, você provavelmente se esgotará mais no trabalho, e a coisa só vai piorar, ou seja, aqui temos mais outro motivo para você poder cuidar um pouco de si.

Você sabia que é no ócio criativo que exercemos nossa criatividade e recarregamos as baterias? E que, em razão da criatividade estimulada e das baterias recarregadas, conseguimos ter maior

MITO 2 – A DISPONIBILIDADE PERMANENTE

capacidade de regulação emocional, resolução de problemas e manejo de estresse, o que por fim colabora para que o ambiente em que você vive tenha mais qualidade de vida em geral? Entenda que você pode e deve cuidar de si, seja pai ou mãe – isso vale para quem passa mais tempo em torno das tarefas de cuidado.

Você não precisa estar integral e inabalavelmente ao lado de seus filhos sofrendo de esgotamento, isolamento e sentindo o vulcão das emoções em erupção sozinho. Você pode e deve pedir apoio e demonstrar suas fraquezas, angústias e dúvidas. Você pode e deve ter uma rede de apoio formada por pessoas em quem confia para se permitir ter momentos seus, pequenos no início, mas adequados à idade e às demandas de seu filho. Com isso, você vai, inclusive, promover o treino de tolerância à frustração de seu filho, o que o ajudará no desenvolvimento de um item essencial à socialização futura – a empatia.

Você deve sair e se afastar um pouco da rotina, mesmo que no início sejam vinte ou trinta minutos, para ter alguma atitude de autocuidado, seja ir ao cabeleireiro, ao massagista, exercitar-se na academia, fazer ioga ou tomar um café com alguém que você ama e com quem se encontra pouco para jogar conversa fora.

Esse cuidado pessoal terá reflexo em sua saúde mental e na saúde mental de seus filhos; além disso, você vai educá-los de modo realista, sem a falsa e inabalada moral desse mito social escravizante que a sociedade nos vende por aí afora. Você vai viver a vida como ela é de fato – e não como nos dizem que ela deveria ser. Tenha em mente que cuidar de si e se preservar é um ato de coragem e atitude positiva e proativa diante de uma sociedade altamente equivocada em seus parâmetros educacionais.

MITO 3 – O SABER PLENO

Nossos filhos não nascem com manual de instruções – e isso é uma absoluta verdade. Grande parte do que aprendemos sobre eles e como vamos tratá-los ao longo de seu desenvolvimento refere-se mais às questões básicas de saúde, que são deveras preocupantes mesmo, do que às questões emocionais.

As febres, as cólicas e todas as demais viroses, isto é, tudo aquilo que está acontecendo com a criança e que não tem nome – e quem é pai e mãe sabe muito bem do que eu estou falando –, são apenas uma parte que envolve a saúde de nossas crianças. Isso aprendemos no dia a dia ouvindo os mais experientes no assunto ou os pediatras. Com relação a esse tema, há enorme quantidade de literatura que abrange desde o início da gestação até os primeiros anos do bebê. Quem nunca ouviu falar da publicação *O que esperar quando você está esperando*, que de tanto sucesso virou filme, assim como de uma enxurrada de outros livros girando em torno da mesma temática?

O grande problema é que, para além das intermitentes questões de saúde, existe todo um desenvolvimento infantil manifesto pelas interações entre o bebê e os cuidadores, com sinalizadores que podem indicar aspectos favoráveis ou o oposto disso.

Esses indicadores valem para o longitudinal processo do crescimento, que vai do bebê até o adolescente, visto que os pais irão se deparar com enigmas educacionais do tipo "decifra-me ou devoro-te", ao melhor estilo tragédia grega, por longos períodos de sua vida. Alguns pais chegam a dizer que os tais enigmas não acabam nunca, são seus eternos companheiros pela vida, independentemente da idade dos filhos.

Desde que a infância passou a ser entendida como uma fase necessária, um estágio que antecede e influencia a formação do adulto, e que as crianças não podem ser tratadas nem vistas como adultos em miniatura, as ciências do comportamento e da aprendizagem entraram em franca aceleração. A pedagogia, a psicologia e as neurociências são, hoje, as principais responsáveis pelo mapeamento das fases do desenvolvimento infantil e adolescente, a ponto de sabermos o que esperar de cada uma das principais fases do crescimento e de nos abastecermos de informações para tentar passar por elas de modo mais tranquilo, menos turbulento.

Todavia, é essencial que fique claro que estamos lidando com a probabilística, e nada no comportamento humano é determinante. Por isso mesmo, é de extrema importância saber que a ausência de certas fases esperadas no desenvolvimento normal pode, muitas vezes, ser um sinal de que algo não está indo bem. Vamos tomar como exemplo a aquisição da fala pelos bebês. Sabemos que esse processo deve acontecer por volta dos 12 aos 18 meses de vida; caso não ocorra, tal fato pode indicar algum atraso do neurodesenvolvimento e precisamos buscar entender o que está acontecendo e investigar a questão.

Agora, sendo mais objetivos, já que a intenção é abordar os comportamentos e a interação de nossos filhos com o meio onde vivem, e não apenas os aspectos do neurodesenvolvimento, tomemos como exemplo um comportamento mais específico. O ato de começar a andar desencadeia na criança uma série de comportamentos exploratórios, e é exatamente isso que esperamos nesta fase: ela começa a mexer em tudo, pois ainda não possui a capacidade de discernir os riscos, visto que a emoção medo não mostrou sua cara para que a criança desenvolva o senso de autoproteção, o que começa a ocorrer apenas depois dos 2 anos de idade. Se a criança não apresentar esse comportamento exploratório, é sinal de que algo está aquém daquilo que é esperado para a idade e logo surge a pergunta: "O que está acontecendo? Há alguma explicação para isso?".

Se os pais têm a oportunidade de conhecer de antemão o que é esperado para aquele momento de vida dos filhos, eles podem, inclusive, atuar de modo preventivo buscando ajuda para o que foi detectado. Assim sendo, ressaltamos: para que algo seja detectado, é necessário que haja conhecimento prévio acerca daquilo que pode ser um problema.

Não devemos, no entanto, entrar em desespero se houver um atraso relativo e pontual em alguma fase do desenvolvimento prevista para a idade, pois o problema pode ser passageiro. Porém, o possível atraso deve ser tomado como um sinal de alerta, como uma luz amarela que nos indica algo que merece atenção e monitoramento mais constantes.

Devido à ausência desse conhecimento prévio e necessário por parte dos pais e à falta de ajuda profissional no momento certo, quantos casos de autismo, cromossomopatias, hiperatividade, dislexia e dificuldades de aprendizagem, para citar apenas os transtornos mais comuns, deixaram de ser diagnosticados e de receber estimulação e tratamento precoces? Em saúde mental, tempo é valioso. O cérebro é um órgão que funciona por etapas de desenvolvimento: quando determinadas "janelas" se abrem, como as janelas do comportamento social e da difusão de relações afetivas, é necessário que elas sejam nutridas desses elementos; caso contrário, o funcionamento social futuro poderá ser deficitário.

Não queremos pais especialistas em saúde mental, em desenvolvimento infantil nem nada parecido; queremos pais abastecidos de

MITO 3 - O SABER PLENO   **25**

informações mínimas antes e depois de embarcarem na aventura da parentalidade. É uma obrigação das ciências do comportamento a difusão dessas informações científicas e de qualidade para a sociedade em geral. Algo semelhante ocorreu com a saúde nutricional. Nas últimas décadas, houve uma difusão tão grande de informações sobre os aspectos positivos e negativos de determinados alimentos e a importância desse conhecimento para a saúde em geral, que hoje todos temos um nível de compreensão básica a respeito de saúde alimentar, a ponto de sabermos quando transgredimos ou exageramos na alimentação, o que devemos fazer para comer de forma saudável e até mesmo buscar ajuda quando necessário. É exatamente esse o ponto que almejamos atingir com informações sobre parentalidade!

O modo operacional dos pais em geral está calcado nas verdades que eles costumam trazer de seus berços educacionais, nas heranças culturais de como deve ser uma mãe, um pai e de como deve ser a interação com os filhos na vivência familiar.

A educação dos filhos, os valores sociais e todo tipo de interação familiar costumam ser pautados apenas por essa cultura trazida de berço. Obviamente, os valores familiares devem ser cultivados preservando aquilo que há de ancestral na história de cada família, mas muitos desses valores e crenças precisam ser atualizados, pois não se encaixam mais no contexto social contemporâneo. Tomemos como exemplo a violência física para educar, a homofobia, a soberania e superioridade de certas classes sociais, o racismo; tudo isso foi relativamente naturalizado no passado, mas hoje é uma atrocidade contra qualquer ser humano e inaceitável dentro da nova configuração social.

Essa é uma parte da herança cultural familiar a ser reciclada e atualizada. É inadmissível que tais conceitos sejam perpetuados, pois eles agridem e descumprem leis.

É na vivência familiar que desenvolvemos nosso estilo parental, que nada mais é do que o modo como nossos pais nos tratavam e o que internalizamos disso em nosso comportamento parental cotidiano. Entre essas vivências, seguramente havia coisas ótimas e coisas detestáveis, e o mais irônico de tudo é que no fim tendemos a repetir de modo automático muito daquilo que detestávamos na maneira de agir de nossos pais. Isso se explica pela habituação do cérebro a vivências intermitentes de situações desconfortáveis até o ponto em que ele começa a repetir aquilo de forma automática e não mais consciente. E assim seguimos como nossos pais, repetindo condutas como num disco riscado, por mais desconfortável que isso possa parecer.

E aqui chegamos ao ponto: a permanente autocobrança do "eu deveria saber". Pais são sujeitos falhos e incompletos, e essa é uma premissa básica da educação. Os pais se cobram depois dos fatos ocorridos e se condenam pelo simples fato de que "deveriam saber, mas não sabiam". A sociedade, por sua vez, atua na linha da condenação imediata em sentenças do tipo "Se fosse comigo...", e lá se vão as verdades dos arquitetos críticos de obras prontas. Essa tendência é muito humana. Por sinal, o simples fato de nos apegarmos aos problemas alheios de modo ácido nos tira, frequentemente, o foco de nossa vida, nossos defeitos, nossas falibilidades e, sobretudo, para quem é pai e mãe, das escorregadas de nossos filhos.

Muita coisa, de fato, poderia ser conhecida de antemão pelos aflitos pais, mas falo da base do conhecimento científico e não da "achologia" intuitiva. Muito sofrimento pode ser evitado com conhecimento prévio; todavia, se ninguém nos ensinou, como poderíamos saber? Para o bem-estar geral, vamos tirar de nossa conta a exigência de um saber pleno e onipresente acerca de nossos filhos e do modo de agir com eles. Lembre-se, o princípio básico da educação é este: não controlamos nada.

MITO 4 – EDUCAR UMA CRIANÇA É UMA BÊNÇÃO

Se acatarmos essa sentença de modo integral, o que será de nós no momento em que quisermos sair correndo porta afora, soterrados pela estafante rotina de educar sistematicamente, 365 dias por ano, dia e noite, nossas crianças e adolescentes? Em nosso trabalho cotidiano, sempre temos uma necessária e repousante folga. Quando há algum tipo de estresse entre adultos, o afastamento de ambos é benéfico e imprescindível, mas nossas crianças, em razão de seu longo período de dependência parental, não podem ser descartadas, afastadas, nem desligadas num fim de semana para que possamos usufruir de um necessário e saudável repouso.

Quando desfrutamos de uma valiosa, rara e importante rede de apoio, aquela que engloba familiares próximos ou amigos íntimos, até podemos nos dar ao luxo de pequenos e igualmente necessários afastamentos de curto prazo; todavia, com a vida agitada e as demandas incessantes das responsabilidades contemporâneas, isso é cada vez mais um artigo de luxo, escasso no mercado e privilégio de poucos.

Quando vendemos aos pais a ideia de uma infância na forma de um doce romance cor de rosa, não estamos contribuindo em nada para que interações saudáveis venham a ocorrer; pelo contrário, estamos minando uma relação que tende a produzir algumas ou quiçá muitas ambivalências e que acabará caindo no mesmo lugar de sempre: a culpa parental, que, invariavelmente, não constrói nada – só prejudica as relações.

Ambivalências são fenômenos absolutamente naturais no ato de educar, pois quem educa espera que o outro seja capaz de absorver o conhecimento transmitido. Quando isso não ocorre no tempo que consideramos o ideal ou, ainda, quando os valores ensinados são refutados ou questionados, as coisas se complicam bastante: ambivalências e decepções brotam e emoções inflamam.

Muitos pais tropeçam em dificuldades pessoais quando se trata de aceitar emoções desagradáveis neles despertadas na relação com os filhos. Nossa moral ainda é bastante punitiva e preconceituosa no que se refere ao entendimento das emoções que sentimos. Precisamos de uma urgente atualização científica com relação a esse assunto, pois tal conhecimento certamente nos afastará de algumas armadilhas que desembocam na tradicional culpa.

Emoções são fenômenos naturais, incontroláveis e saudáveis; portanto, não há nada de errado em sentirmos emoções como raiva e tristeza no convívio com nossos filhos. Outro fato importante a entender é que não há hierarquia de valores no processo que envolve as emoções. Não há emoção melhor ou pior do que outra: as emoções são como uma linguagem, elas têm um significado, e o certo ou errado, no processo emocional, está mais relacionado ao contexto da expressão de cada emoção no ambiente em questão do que à emoção propriamente dita.

Não é adequado sentir alegria num funeral, não se espera que alguém esteja triste ao receber um prêmio ou participar de uma festa animada, a não ser que haja uma razão especial para isso. Precisamos entender que as emoções comunicam algo e a linguagem do que está sendo comunicado deve estar de acordo com o contexto ambiental. Não fica nada bem, por exemplo, ofendermos alguém que está nos prestando um favor ou chamarmos alguém cordial e dócil de uma pessoa perigosa e vil.

Crianças e adolescentes são de difícil trato e despertam, sim, nos pais, familiares e educadores, muitas emoções hostis e desagradáveis de sentir. Isso ocorre, em grande parte, porque educar é uma tarefa repetitiva, chata e com resultados incontroláveis e incertos. Quem educa, cria uma expectativa com relação aos resultados dos atos educativos; quem é educado processa o conhecimento transmitido de acordo com suas singularidades e com as emoções ativadas durante o ato educativo. Há também as emoções ativadas relativas ao educador em questão, e aí tudo se complica ainda mais e sai totalmente fora do controle.

Sempre destaco para os pais, ou pretendentes ao posto, que educar é um ato de renúncia em seu mais amplo sentido. Renunciamos a nossa liberdade, ao tempo livre, à condição financeira de pessoas sem filhos, e isso em geral não é levado racionalmente em conta pelos candidatos à maternidade e paternidade. Muita frustração pode ocorrer quando, cotidianamente, essas questões, que nunca foram exploradas a fundo em nossos planos parentais, começam a surgir.

Querer sair à noite com amigos talvez não seja possível, e, se for, será esporadicamente. Isso vale para aquela viagem, aquela bolsa, aquele carro e, muitas vezes, aquela carreira, sobretudo para as mulheres, pois no final das contas o mundo ainda é profundamente machista em termos estruturais.

Quando já temos filhos e sentimos essas frustrações mencionadas, nos culpamos por sentir algo que supostamente não deveríamos sentir... Afinal, amamos tanto nossos filhos, educar é um privilégio, uma dádiva! E daí? Uma coisa é uma coisa, outra coisa é outra coisa. Podemos ensinar às pessoas que frustração, raiva e muitas outras emoções desagradáveis são normais num cenário como este. Além disso, quando aceitamos e entendemos nossos processos emocionais, lidamos melhor com eles.

A não aceitação de emoções desagradáveis pelos filhos, aliada à culpa, pode gerar o já citado processo de desatenção seletiva, ou seja, podemos negligenciar involuntariamente, ou até apresentar crises de raiva e invalidação para com eles, em momentos diversos da vida, de modo despropositado, movidos pela frustração, sem que sequer sejamos capazes de entender o porquê disso tudo.

Informação e autoconsciência emocional é algo que se ensina e se aprende, e ajuda muito na saúde das relações humanas. Terapeutas e educadores parentais fazem exatamente esse tipo de trabalho, tenha isso em mente.

Outro fato que dificulta o processo educativo se refere ao cérebro em desenvolvimento, tanto da criança quanto do adolescente. Esse cérebro em desenvolvimento ainda não está totalmente maduro e, por isso, apresenta instabilidades no sistema de interação com o ambiente e com as pessoas.

Resumidamente, as aprendizagens se darão por meio de conexões cerebrais, redes neurais, que serão reforçadas com o ato repetitivo que tal processo requer. Contudo, estamos falando de um sistema instável: assim como quando a rede de energia de sua casa oscila e coloca em risco a integridade de seus aparelhos domésticos, o cérebro infantil e adolescente é bastante sensível às oscilações e variações de humor das pessoas a sua volta e dos acontecimentos no ambiente a seu redor. A internalização da aprendizagem é, portanto, um sistema instável e muito sensível aos acontecimentos simultâneos e a toda a diversidade de informações a que somos expostos.

Por exemplo, uma criança ou um adolescente podem apresentar excelente capacidade de regulação emocional, interação colaborativa com sua família e ambiente, porém, de uma hora para outra, toda essa estabilidade pode ficar abalada com a ocorrência de fenômenos sociais estressantes. A separação conjugal dos pais, mudanças de cidade e de escola, o luto, o afastamento das referências afetivas ou agressões na forma de *bullying* são alguns dos exemplos que podem colocar um sistema de regulação abaixo, subvertendo toda a *performance* que se tinha até então.

Isso nos leva à condição de que o educador precisa ter um nível de tolerância à frustração muito grande, pois o educando não é um arquivo computacional no qual são depositadas informações que se mantêm intactas ao longo dos anos e que serão reproduzidas com fidedignidade, ou melhor, com a mesma integridade dos dados que foram originalmente lá depositados. Estamos falando de um sistema vulnerável ao ataque de "vírus" capazes de alterar ou danificar seus arquivos.

A aprendizagem é um processo interativo e multifatorial. Ela depende do estado emocional de quem ensina e de quem aprende, de motivação, de como a informação é transmitida, por quem e de que maneira isso foi feito. Depende também do momento, do ambiente e muito mais, e justamente por isso educar é um fenômeno de resultados incontroláveis e que demanda alto nível de tolerância à frustração por parte de quem educa.

Teremos momentos lindos, em que tudo passa a correr melhor do que jamais imaginamos, momentos dignos de habitar nossas memórias para todo o sempre. Não quero bancar o pessimista, o arauto das más notícias, mas esses momentos são exceções no longo processo educacional, pode ter certeza.

Como nem tudo são flores nessa jornada, a dinâmica cotidiana se tornará maçante, estressante e até revoltante, principalmente depois do início do processo de escolarização das crianças. Acorde, escove os dentes, vista-se, recolha as roupas do chão, não deixe a toalha molhada na cama, não demore, vamos nos atrasar, não faça isso agora, deixe seu irmão em paz, saia do celular, do computador, cumprimente as pessoas, faça as atividades escolares, estude, seja responsável, ufa! Essa lista ainda é pequena diante das agruras cotidianas.

Parentalidade é um desejo legítimo, porém devemos estar vocacionados para esse tipo de vivência com nossos filhos e buscar as informações que ninguém nunca nos contou. Só conseguiremos estar em paz com o que escolhemos se tivermos talento e vocação para tal. Se até nossas escolhas profissionais nos levam a momentos extremamente chatos, por mais que amemos o que fazemos, imagine como é com os filhos.

Nossos vínculos emocionais com amigos e familiares se estressam frequentemente a ponto de precisarmos distância temporária. Com os filhos, acontece o mesmo: a diferença está em sabermos ou não sobre isso e, ainda, sermos capazes de entender o processo educacional e de convívio com eles como potencialmente tenso. Se somos portadores de tal conhecimento, já é meio caminho andado para evitarmos as culpas que nos levam a adoecimentos e comprometimentos de nossa saúde mental e a de nossos familiares.

Outro grande problema é que os filhos aguçam muito as diferenças entre os casais. Trazemos de nossos berços modelos educacionais que irão se presentificar num conceito chamado de estilo parental. Essa maneira de se relacionar com os filhos deriva dos resquícios dos processos educacionais pelos quais passamos na condição de filhos. A partir daí, quando nos tornamos pais, cada um coloca em campo seu estilo parental, que até pode ter pontos de concordância, mas que terá, sem dúvida alguma, vários pontos de discórdia.

Educar filhos pode separar casais, justamente pelo fato de expor os desacordos entre os pais sobre a maneira de educar os filhos, desacordos estes que jamais viriam à tona se não fosse pelo surgimento da parentalidade.

Vejamos um exemplo bem simples, realmente banal, mas que pode ter o peso de uma ogiva nuclear numa relação conjugal. Fim do dia, meio de semana, rotina pesada, responsabilidades e compromissos pegando forte no trabalho dos pais (aliás, nada que não seja extremamente verossímil na vida de uma família qualquer): é chegado o momento de a criança ou de o adolescente tomar banho antes do jantar. Depois de vários pedidos para que o desejado banho ocorra, o filho argumenta que o dia estava frio, que ele não suou e que não está a fim de tomar banho. Eis que papai flexibiliza – já que depois de um dia pesado está sem paciência e com vontade zero de argumentar com o filho – e diz: "Está bem, por hoje passa".

Papai foi um garoto que veio de uma família flexível nesse quesito, embora inflexível no quesito faltar aulas, nunca permitindo que um feriado numa quinta-feira se convertesse em feriadão que engolisse a sexta-feira junto.

Já mamãe vem de uma família que flexibilizava feriadões, mas que era inflexível com a higiene corporal, pois, afinal de contas, a cama é um lugar sagrado que deve estar sempre limpo. Um corpo sujo não dorme numa cama limpa, este era o lema da família!

Quando papai deu alforria para o banho do filho, mamãe se enfureceu – eis a ogiva nuclear detonada em pleno berço familiar. Mamãe definitivamente não estava no dia dela e achou a atitude do marido um desrespeito para consigo, aproveitando para abrir o arquivo das inúmeras vezes em que se sentiu desrespeitada e blá-blá-blá.

Crianças e adolescentes são mestres em perceber rupturas parentais e acabam usando, geralmente de modo inconsciente, essas desavenças para obter vantagens e realizar seus desejos egoístas. Diga-se de passagem que essa verve egoísta não demonstra uma falha de caráter. Ela é apenas um traço natural no desenvolvimento, tanto de crianças quanto de adolescentes, e que deve se atenuar com níveis de empatia e interação social mais elevados ao longo de seu desenvolvimento.

A discrepância de valores parentais e principalmente das expectativas de cada um dos pais para com seus filhos, as quais eu costumo chamar de roteiros parentais, gera grandes tensionamentos no ato educativo, criando ou muitas vezes intensificando conflitos e desavenças conjugais.

O que são os tais roteiros parentais? Nada mais nada menos do que esperar o melhor para eles – assim os próprios pais o definem.

Qualquer pai ou mãe, amorosos e conectados com os filhos, querem sempre o melhor para eles, e aqui tudo fica delicado, pois, afinal, o que é melhor para eles? Como terapeuta, já ouvi de tudo nesta longa jornada: seguir a carreira dos pais, assumir a empresa, ser funcionário público para ter estabilidade, estudar no exterior, ter excelentes notas na escola, conseguir um bom trabalho, ter família, filhos, estabilidade financeira, responsabilidade, ser heterossexual, não usar drogas, não se relacionar com pessoas que os pais não aprovem, seguir as crenças religiosas da família e muitas, mas muitas outras coisas nessa imensa lista de desejos.

Sabe o que há em comum a respeito dos diversos roteiros que os pais elaboram em sua cabeça? Há sempre uma expectativa bastante elevada com relação ao desejado resultado, e aqui reside o principal problema: esperar muito dos filhos tem como ponto de partida a régua dos valores parentais, e essa régua em geral não leva em conta o que os filhos acham importante para si mesmos. Se as coisas não saírem conforme o roteiro desejado, a estrada da culpa costuma aparecer em nosso mapa – e entrar nela é relativamente fácil.

Existe, ainda, a possibilidade de grandes variações entre o roteiro escrito pelo papai e o escrito pela mamãe, e isso vale também para os casos de famílias com dois pais ou duas mães, afinal a tendência de transferência de culpa para o outro é algo bastante característico dos seres humanos. É bem possível que a falência do roteiro de um, de outro, ou de ambos, seja justificada pela culpabilização por um ou ambos os pais – lembremos que culpar o outro é a arma de defesa que nos isenta de responsabilidade e nos protege da necessidade de refletir sobre nossas falibilidades. A capacidade de realizar reflexões introspectivas acerca de nossa conduta é para os fortes: não são todos que atingem esse nível de maturidade. Muitas vezes, reparamos que os pais são apenas crianças, seres imaturos, educando outras crianças.

Há, também, muita gente que se omite na educação dos filhos, fato este que ocorre em diversas famílias; todavia, quem se omitiu não tem o direito de apontar o dedo acusatório na direção de quem esteve presente em campo tentando dar conta do dia a dia e de todas as suas adversidades. Palpites não educam; a presença na vida de alguém é o que pode fazer a diferença.

Em nossa sociedade conservadora, as mulheres são sempre as mais cobradas e responsabilizadas por problemas ocorridos na educação dos filhos, mas isso será discutido detalhadamente no próximo mito.

Tenhamos em mente que educar é, sobretudo, um ato de desprendimento e, como tal, deveria ser permeado de generosidade, e não de culpas. É difícil não programarmos o futuro, e já que abandonar roteiros para nossos filhos não é algo assim tão fácil, que pelo menos sejamos relativamente sensatos.

Educar é uma equação que necessita de convergência e de somatório de esforços para que o resultado seja bom. A propósito, um resultado positivo terá relação com a capacidade de seu filho de se adaptar as nossas normas sociais, ser um cidadão ativo, fazer e manter laços sociais e de reciprocidade, ser democrático, respeitando os outros e o estado de direito, saber se frustrar e aceitar e cumprir as regras, não lesar o outro e a sociedade e, acima de tudo, ser empático com as pessoas e a natureza.

O sucesso não pode ser medido pela faculdade que seu filho fez, pelo dinheiro que ele ganha ou pela maneira como ele exerce a sexualidade. Se você espera controlar esses elementos, o fracasso é iminente.

Seguindo tal lógica, creio que esse é o roteiro mínimo com o qual devemos trabalhar para evitar frustrações e culpas, mas mesmo que ele venha a dar resultados diferentes do esperado, a culpa não será, necessariamente, de alguém.

Sejamos prudentes antes de nosso autoflagelo. O excesso de culpa de pais e mães contribui apenas para minar a resiliência e a saúde mental de toda a configuração familiar.

MITO 5 – EDUCAR É UMA TAREFA PREDOMINANTEMENTE FEMININA

Cuidar de crianças e adolescentes não é uma prática associada à masculinidade ou à virilidade em nossa sociedade, e isso já vem de longa data. Basta analisar os fatos. O número de professoras de crianças e adolescentes é muito superior ao de professores. Assistentes de creche são mulheres em sua maioria esmagadora. Profissionais de psicologia e psiquiatria infantojuvenil, terapia ocupacional, pedagogia e serviço social são quase sempre mulheres, e o mesmo pode se dizer de profissionais do trabalho doméstico e babás.

A educação tradicional aplicada nas últimas décadas mantém as informações conservadoras de que filhos, quando crianças, devem estar sob os cuidados da mãe ou de outras figuras femininas. Na fase da adolescência, isso muda um pouco, principalmente para os meninos, pois é neste momento da vida que a virilidade masculina começa a ser exercitada e demandada nos grupos sociais. É nesse momento, também, que os pais dos garotos costumam buscar uma aproximação maior com eles, muitos deles agindo assim para "garantir" ou "salvar" sua heterossexualidade por meio da identificação com o pai.

Reza a lenda que a ordem do feminino é mais delicada e cuidadosa diante das demandas e fragilidades infantis. Se isso fosse completamente verdade hoje, seria o equivalente a dizer que um halterofilista jamais poderia cuidar de uma criança. Voltemos no tempo biológico para entender um pouco dessa tendência de as mulheres serem mais delicadas e, por isso, mais implicadas e responsabilizadas pelo cuidado das demandas básicas das crianças.

Em agrupamentos primevos, após o surgimento do *sapiens* no planeta, havia uma divisão mais clara de tarefas. As mulheres estavam mais envolvidas em coleta, manufatura e cuidado das crianças, enquanto os homens se ocupavam mais com a caça, batalhas e segurança do grupo social, tudo isso justificado por uma constituição biológica e pela capacidade de gestação das fêmeas.

Isso foi tão importante do ponto de vista de anatomia cerebral que hoje as neurociências demonstram diferenças na arquitetura do cérebro masculino e feminino, mas, sobretudo, na tendência da funcionalidade de cada cérebro quanto às capacidades e habilidades emocionais, cognitivas e motoras. Destaco a palavra tendência, pois, afinal, tudo dependerá de aprendizagem e cultura.

Depois do Iluminismo e do processo denominado civilizatório, com o predomínio das constituições federativas que unem e formam nações, a cultura começou a promover mudanças, por meio de pressões seletivas, em nossas capacidades cerebrais.

Se outrora a habilidade motora, a caça, a pontaria e demais atributos com armas e montaria eram tão importantes quanto a alfabetização hoje, atualmente o cérebro está exposto a muito mais estimulação cognitiva a partir da sofisticação cultural do que no passado.

Sofisticação cultural não agregava muito em termos de sobrevivência no passado, a menos que você fosse um monge escriba ou copista, assim como brutalidade e artes marciais não agregam tanto hoje em dia, a menos que você seja um professor de alguma dessas atividades. Atualmente, mesmo quem trabalha com luta e defesa passou pela escola; no passado, porém, o inverso não era verdadeiro.

Nosso cérebro se modifica, as tendências mudam e criam estímulos. Já se fazem projeções científicas de como serão as relações afetivas e o cérebro humano daqui a uma centena de anos, após o advento das tecnologias eletrônicas em nossa vida, e tudo aponta para grandes mudanças, pode acreditar.

Diante da massiva influência do processo civilizatório e cultural em nossa educação básica e das pressões seletivas que a cultura exerce em nossos cérebros, é mais do que necessária a revisão urgente de certos paradigmas sociais. Um deles é a ideia de que deve recair sobre as mulheres a maior carga de cuidados com as crianças e adolescentes.

Quando funções de educação básica são atribuídas às mulheres, surge o seguinte problema: de quem se cobrará a conta se algo de problemático acontecer no processo educacional, de quem será a responsabilidade? Das mulheres, é óbvio, e assim tem sido comumente.

Como terapeuta, tenho uma coleção de falas desse tipo. Os pais homens falam sem o menor constrangimento da culpa materna pelos problemas emocionais dos filhos: "Você deveria ter percebido antes"; "É culpa sua"; "Se você não pensasse só em seu trabalho". Enfim, por aí vai o rosário de acusações e responsabilizações.

Não é justo que as mulheres, que trabalham tanto quanto os homens – ou mais que eles –, que produzem mais de cinquenta por cento da riqueza do mundo, carreguem essa sentença culpabilizante nas costas; isso não é honesto. Em se tratando de educação de filhos, que envolve desde os cuidados básicos até o comprometimento na educação escolar, o fardo deve ser dividido na medida do possível.

Quando decidimos engravidar, seja por meios naturais ou via processo de adoção, tal escolha deveria ser bilateral; assim sendo, as responsabilidades também deveriam ser bilaterais. Mas chama a atenção o fato de que, por uma questão de conveniência, os homens começaram a aceitar, cada vez mais, a participação da mulher no orçamento familiar.

Essa cultura mudou por certa conveniência, sim, visto que os compromissos financeiros são cada vez maiores e mais complexos no mundo atual, além de a remuneração e a oferta de empregos não serem fartas, pelo menos na maioria dos países considerados em desenvolvimento. Resultou disso homens menos onerados com o sustento familiar; as mulheres, contudo, não se desoneraram das responsabilidades na mesma proporção. As contas, estas foram divididas; já as responsabilidades, nem sempre. Claro que falamos aqui de um comportamento com forte tendência e expressão estatística; evidentemente há comportamentos de exceção, aqueles tecnicamente conhecidos como pontas de curva.

Afeto, dedicação, amor, carinho, atenção, nada disso tem sexo, nada precisa ser catalogado de modo binário – masculino ou feminino – e nada disso tem relação com a expressão da sexualidade de ninguém. É hora de repensarmos nossos papéis e de nos envolvermos naquilo que escolhemos, pois diluir responsabilidades é muito mais seguro quando educamos nossos filhos. Lembrem-se de que isso não será nada fácil; a vida nos reserva inúmeros desafios no processo de educação de crianças e adolescentes, porém com parceria, cumplicidade e, acima de tudo, justiça, as coisas ficam menos complicadas.

A solidão de uma mãe acusada de ser responsável pelas mentiras de um filho, por seu baixo rendimento escolar, pelo uso de drogas e por comportamentos inaceitáveis socialmente é algo dilacerante, injusto demais, algo que requer empatia e compaixão de todo mundo. Já não basta a consequência de ver os filhos errando? Ainda é necessário acrescentar culpa, autopunição e autoflagelo? Onde isso vai parar? A resposta é óbvia: na corrosão das relações afetivas e da saúde mental dessas mulheres.

A solução requer mudanças nas atitudes, tanto por parte das mulheres quanto por parte dos homens. As mulheres não podem permitir que uma relação se torne tóxica. Os homens, por sua vez, não devem promover a toxicidade em suas relações. Os filhos agradecem!

Homens e mulheres não devem educar seus filhos de modo machista. Os filhos precisam ser ensinados a respeitar e ser empáticos com as mulheres e jamais cometer atos de violência física e verbal contra elas – nem contra qualquer outro ser. É esse tipo de ação que ajuda a mudar a cultura longitudinalmente.

MITO 6 – DAR LIMITES É IMPOR SOFRIMENTO AOS FILHOS

Impor limites não é tarefa fácil, sobretudo para quem amamos. Não é à toa que muitas pessoas se mantêm em relações amorosas com altos níveis de toxicidade sem conseguir romper com o que lhes gera imenso sofrimento.

O cérebro consciente até entende que aquilo que estamos vivendo passou dos limites, que não compensa mais mantermos aquele convívio desgastante e invalidante, mas a sensação de insegurança, desamparo e medo do futuro, ou seja, as emoções no comando, trabalham na manutenção do *status quo*. Nosso cérebro primitivo muitas vezes prefere aquilo que já conhece e controla, relativamente, a qualquer outra novidade. Mudar pode ser perigoso, pois ainda não há esquemas de rotina que nos deem uma sensação de conhecimento e familiaridade, isto é, de controle sobre o novo, sobre o que virá. Certo nível de controle é importante para que haja uma estabilidade do organismo, o que ajuda a acalmar nossas ansiedades.

Claro que a manutenção de relações tóxicas está também muito relacionada às vivências pessoais de cada um, às histórias de vida que criaram pontos de vulnerabilidade que nos levam a manter o que nos faz mal. Porém, no que tange ao comportamento humano, nada é tão simples quanto parece. Por isso, temos que ter cuidado com os reducionismos e com a simplificação das coisas complexas.

Há pessoas que sempre foram seguras de si, que nunca viveram experiências precoces de abuso e abandono e que a certa altura da vida se envolvem em relações tóxicas, por mais incrível que isso possa parecer, e se deixam levar para um lugar no qual nunca estiveram antes.

É possível perceber a necessidade de certo desenvolvimento e maturidade de nosso aparato emocional para que consigamos operar os limites com as pessoas a nossa volta, mas, em se tratando de crianças e adolescentes, o que de fato nos interessa aqui, esse aparato emocional bem desenvolvido é ainda mais importante.

Quais fatores costumam dificultar a imposição de limites para nossos filhos? E mais, por que impor limites é essencial e necessário para a educação deles?

Os pais têm dificuldade em dar limites aos filhos pelos motivos mais diversos: medo de perder o amor deles, empatia por perdas importantes e limitações que os filhos já sofreram, pela morte de alguém significativo para eles, por uma separação conjugal, mudança de escola, de cidade, perda de grupos de amigos, por sofrerem *bullying* na escola, por terem dificuldades de aprendizagem. Além disso, os pais que tiveram experiências de privação na infância acham que, ao frustrar os filhos, estão impondo o mesmo tipo de sofrimento pelo qual passaram.

Limite impõe, sim, sentimentos de desagrado e tristeza e – por que não dizer – traz algum nível de desconforto ou sofrimento para os filhos. Sempre digo aos pais que o remédio dolorido pode e deve ser aplicado dentro de casa; afinal, se você não colocar limites em seus filhos, sobretudo por amor, a sociedade o fará de modo impiedoso, e aí o sofrimento será bem maior.

O amor e o bemquerer são os principais responsáveis pela dificuldade de impormos limites aos filhos e, muitas vezes, é justamente aqui que escorregamos. Precisamos compreender que o amor saudável limita. A emoção amor não é maravilhosa ou angelical apenas por se chamar amor. Assim como ocorre com todas as outras emoções, a diferença entre o saudável e o não saudável está na dose, no contexto em que a emoção se manifesta.

Se amar um filho é uma desculpa para não impormos frustração a ele, desculpe, mas esse amor transgrediu os limites do que consideramos saudável e do que há de razoável nas relações. Lembremos que o amor pode nos fazer permanecer nas tais relações tóxicas, conforme comentamos antes, o que demonstra uma faceta bem sabotadora desta emoção.

Mas, afinal, qual é o principal motivo para impormos limites a nossos filhos?

Se você deseja que seu filho, desde a mais tenra idade, seja gostado, admirado, integrado à sociedade e demandado pelas pessoas em geral, o que envolve outras crianças, ele precisará conhecer limites para que seja capaz de perceber que suas necessidades não serão sempre mais importantes do que as necessidades do outro.

Esse comportamento é comum em muitas das espécies que têm comportamento social, ou seja, fazemos sacrifícios pessoais, frequentemente deixando nossas demandas de lado em prol da estabilidade do sistema social.

Você já imaginou se cada pessoa que compõe um grupo social, uma comunidade, uma aldeia, uma nação, só pensasse em si e suas necessidades individuais? Simplesmente não haveria estabilidade nas relações sociais, apenas uma competitividade desenfreada e predatória. Para as espécies sociais, é fundamental essa união e harmonia, pois foram as capacidades de cooperação e de colaboração, presentes nos primeiros agrupamentos humanos, ambas funções derivadas da empatia, que possibilitaram que dominássemos a natureza, abandonássemos a savana, deixássemos de ter predadores e prosperássemos no processo civilizatório a ponto de formarmos imensos agrupamentos sociais chamados de nações.

Esse processo possibilitou a criação de normas, leis e constituições federativas que ajudam a manter a estabilidade das complexas estruturas sociais. A estabilidade do sistema, quando afetada, gera uma pena para quem descumpre os acordos sociais prévios, o que significa o peso da lei triunfando sobre a selvageria.

Quando nos unimos em sociedades e seguimos as leis que nós mesmos criamos, isso quer dizer que todos somos signatários daquelas normas que nos regem; portanto, transgredir os tais acordos e leis representa uma agressão à estabilidade do sistema social e nos vulnerabiliza como espécie. Vale lembrar que somos seres sociais por natureza.

Foi a capacidade colaborativa, que é uma função derivada da empatia, inerente a nosso comportamento social, que nos tirou da savana e nos fez dominar a natureza e prosperar como espécie. Essa é a regra vigente, quer gostemos ou não, com seus bônus e ônus.

Limite, definitivamente, não é impor sofrimento aos filhos. O limite gera tolerância à frustração, e é precisamente a frustração que permite o exercício da empatia e da capacidade de nos colocarmos no lugar do outro. É por meio da empatia que a inserção de seu filho no contexto social acontecerá de modo saudável: se somos a mais social das espécies sociais, nossa saúde mental depende diretamente de nossa inserção na coletividade.

Entretanto, é fundamental que não sejam utilizadas no processo educativo a punição física ou qualquer outra forma de maus-tratos, negligência, abusos psicológicos ou sexuais, pois elas são potencialmente geradoras de uma doença conhecida como transtorno de estresse pós-traumático, que na infância e adolescência é tão grave a ponto de alterar a arquitetura neural, a capacidade de regulação das emoções e da ativação empática. Além disso, crianças e adolescentes que são educados com alguma forma de violência tendem a reproduzir tais aprendizados em diversos contextos sociais, afetando, assim, a estabilidade do tecido social.

Seguindo esse raciocínio, é importante entender que a saúde social, que mantém um sistema estável, nada mais é do que o somatório das individualidades, e que mudanças individuais se refletem, de alguma maneira, no todo, no social. A frustração é justamente o caminho para isso, pois é ela que promove o exercício empático. Frustrar é, sobretudo, um ato de amor!

Essa é a lógica que deve isentar de qualquer forma de culpa os pais que conseguem impor limites aos filhos. Você não está fazendo mal a seu filho por mais que ele se ressinta de uma vivência aversiva criada pelos limites a ele determinados. Imponha limites aos filhos em casa. A sociedade agradece!

Impor limite aos filhos evitará, inclusive, que eles desenvolvam relações abusivas para com os pais: impedirá que os pais se tornem apenas objetos facilitadores ou de acesso a seus desejos e prazeres, meros caixas eletrônicos onde só se compareça para algum tipo de saque. Há garantias de que você será admirado e terá uma relação bacana com seus filhos no futuro? Nenhuma! Mas pelo menos não permita ser tratado como um objeto por eles e feche a porta de acesso ao banco 24 horas.

MITO 7 – LAÇOS AMOROSOS E DURADOUROS SÃO INSTITUÍDOS PELA CONSANGUINIDADE
(E O TÍTULO DE PAI E MÃE É SUFICIENTE PARA ISSO)

É incrível, mas somos levados a acreditar que se houver sangue envolvido, se existir uma relação familiar, coisas boas como respeito, admiração, confiança, generosidade e amor estarão incluídas no pacote. Tendemos à crença de que basta haver a constituição de uma família para que se tenha um ninho que nos abastece de proteção e amor de modo incondicional para todo o sempre.

Somos levados a crer que o título de pai e de mãe, aliado à condição de filho, é o suficiente para que uma relação saudável e amorosa ocorra ao longo de toda a vida, e por mais que tenhamos vivido ou conheçamos histórias familiares complicadas, elas sempre parecem acontecer com os outros, e nunca conosco.

A história, a literatura, a dramaturgia, a vida cotidiana, a vizinhança, os amigos ou sua própria família são as testemunhas vivas de que o amor instituído por sangue ou títulos parentais é uma grande inverdade.

Estudos sobre qualidade de vida apontam a família como uma das variáveis que mais estressam as pessoas, mais que o emprego e os problemas de ordem financeira. Aqui novamente o discurso da ciência está descolado da realidade de nossa vida, e é em busca de saúde mental e qualidade nos relacionamentos que militamos para que haja um encurtamento dessa distância, a fim de que estejamos relativamente preparados para lidar com possíveis realidades futuras.

Quantas famílias de amigos, de pessoas próximas, ou talvez você mesmo, vivem conflitos diários com os filhos devido a personalidades que demonstram alto grau de incompatibilidade no convívio cotidiano? Na vida familiar, quanto mais os filhos crescem e começam a ter opiniões próprias, mais propensos ficamos a conflitos que podem afetar e comprometer os vínculos amorosos, pois muitos pais consideram uma falta de respeito quando a conduta dos filhos, seja política, sexual ou de valores em geral, corre na via oposta do que eles pensam e desejam da vida.

A realidade é que as relações familiares, consanguíneas ou não, são construídas de modo bilateral, ou seja, a qualidade dessas relações depende tanto dos pais quanto dos filhos. Isso ocorre por meio de atitudes cotidianas que demonstram entrega, cuidado, dedicação e, sobretudo, respeito ao outro, seja ele quem for: seu pai, sua mãe, irmão ou tio.

Fica difícil nutrir amor por alguém que não respeita os pais, que os trata de modo interesseiro como se fossem um caixa eletrônico que vive para abastecer as necessidades de prazer do outro. Fica difícil conviver quando não há telefonemas ou conversas que versem sobre o outro e não apenas sobre si mesmo. Em contrapartida, fica igualmente difícil nutrir amor por pais invalidantes, competitivos ou narcisistas que só veem sua perspectiva nos problemas e se vitimizam sempre que contestados.

Nessa perspectiva bastante realística vivida ao longo de anos de prática clínica com crianças, adolescentes e suas famílias, considero que um dos maiores desafios da parentalidade – talvez o maior deles – é a possibilidade de termos um filho e a relação com ele não transcorrer conforme o desejado, ou seja, um relacionamento cordial, respeitoso e, sobretudo, muito amoroso.

Antes de ter um filho, será que alguém pensa que o temperamento dele poderá não fechar com o seu e que isso poderá se transformar em uma fonte permanente de atrito e estresse? Será que alguém está preparado para a possibilidade de que o filho tenha mais intimidade e respeito com seu parceiro ou parceira ou, ainda, mais afinidade com alguém de fora do núcleo familiar? Alguém nos preparou para lidar com filhos que pensam por conta própria? Alguém nos preparou para lidar com filhos que têm opiniões e valores que divergem diametralmente dos nossos? Alguém nos preparou para lidar com as frustrações dos caminhos que os filhos irão trilhar?

Na via oposta de tudo isso, somos levados a acreditar na fonte encantada, permanente e inesgotável de amor entre pais e filhos e cremos que isso basta para que as relações nunca tensionem a ponto de afetar os tais laços de sangue. Na vida real, porém, não é assim que acontece, e este é mais um mito infundado de nossa sociedade acerca da parentalidade e que nos conduz ao tradicional caminho da velha culpa.

A natureza nos dota de um fenômeno biológico denominado apego, que nada mais é do que a tendência que temos, como espécie, de nos vincularmos fortemente com nossos filhos. O bebê humano é o mais dependente filhote da natureza: se não houvesse essa força natural e longitudinal por meio da qual se fortalecem os vínculos de amor, empatia, cuidado e proteção, esse filhote não vingaria na natureza. O objetivo da biologia é a manutenção e a adaptação das espécies no meio ambiente – algo fácil e claro de entender.

O impulso inicial é dado pela natureza, porém questões psicológicas individuais irão interagir ao longo do desenvolvimento da criança e dos pais, podendo afetar e comprometer a qualidade dos vínculos. O que sabemos na prática é que não há garantia perpétua de laços amorosos, e que eles dependem de investimento permanente ao longo da vida.

Como terapeuta, já ouvi inúmeros relatos de pacientes adultos justificando seu distanciamento dos pais em razão de vivências da infância e do início da adolescência. Vivências que no início, devido à precocidade do estágio do desenvolvimento, eram percebidas apenas emocionalmente, mas que se tornaram perfeitamente decodificadas após o sistema cognitivo ter se desenvolvido o suficiente para entender e explicar aquilo tudo. Depois de plenamente compreendido o que foi vivido em família, surgem as justificativas para mudanças significativas de comportamento com relação aos pais.

As interações não são nada fáceis: há um espaço entremeado de vivências e traumas individuais que devem se orquestrar na vida familiar. É difícil não sair chamuscado, em maior ou menor grau, dessa novela. Em terapia, muitos pacientes querem proporcionar aos filhos experiências diametralmente opostas às que eles experimentaram, embora vários deles cheguem até nós justamente por estarem repetindo suas histórias com os filhos tal qual um disco riscado, o que lhes causa profundo sofrimento quando se tornam conscientes disso.

Há pais com traumas de abandono que podem sufocar os filhos a ponto de estes se afastarem e se revoltarem, há pais controladores que consideram uma ofensa qualquer atitude que não se coadune com as deles, há pais que competem com os filhos pelo amor do cônjuge, enfim, há uma miríade de possibilidades, não previsíveis, que vão se construindo enquanto a novela familiar vai se desenrolando. A questão é que nessa novela não há roteiro definido: a história se constrói na hora, no dia a dia.

Do outro lado, há filhos que se afastam dos pais por motivos pessoais, por encontrarem em seus caminhos motivações outras que geram distanciamento, há filhos narcisistas, antissociais, há filhos que, por melhor base segura que tenham tido, rompem laços afetivos com suas famílias.

Você está de fato preparado para que seu filho escreva seu próprio roteiro de vida? Atualmente, o cenário da educação está bem mais complicado, as estruturas básicas da sociedade estão mudando de tal maneira que os processos educativos não dão conta das demandas dos jovens e, com isso, a manutenção de laços afetivos duradouros fica mais difícil.

Há alguns aspectos do cenário atual a serem levados em conta aqui. O processo educacional já foi baseado na autoridade, depois na democracia participativa e agora nenhum dos dois parece ser capaz de lidar com os desafios que estamos vivenciando.

Ouvi de um amigo uma preocupação bastante representativa do contexto atual: como gestor de uma grande empresa multinacional, ele me falou da dificuldade de manter os jovens motivados na carreira e do quanto ele, como líder, se frustra e se irrita com isso. Afinal, o que é necessário para que os jovens de hoje desejem permanecer por longo tempo fazendo carreira em uma empresa? Essa é a principal questão que inquieta o meu amigo. Se não for solucionada, pode vir a abalar a estrutura corporativa de empresas que necessitam de estabilidade no processo de gestão. O problema é parecido com o enigma da pirâmide: "Decifra-me ou devoro-te!".

Essa preocupação do meu amigo gerou a seguinte metáfora: no passado era o chicote, depois veio a cenoura, e agora estamos perdidos, pois hoje ninguém aceita mais nem o chicote nem a cenoura! O que realmente motiva os jovens? A instabilidade e a impermanência têm sido a marca da geração atual. No passado, nos submetíamos à autoridade quase sem questionamento, visto que prevalecia a ideia de que obedecer a um líder conduziria ao sucesso social. Depois disso veio a cenoura: a gratificação está logo ali, só depende de você. Mas e agora, o que move a juventude?

Fomos educados para casar, ter filhos, buscar um emprego estável, comprar uma casa e nos atolar num financiamento imobiliário de longo prazo, comprar um carro e trocar de modelo anualmente. Sucesso pleno!

Hoje os jovens têm ojeriza a qualquer projeto que seja longitudinal. A fórmula para deixar um jovem inquieto na atualidade é dizer que ele passará os próximos vinte anos morando no mesmo local e trabalhando no mesmo emprego. Crise garantida!

Como terapeuta e educador parental, considero essa metáfora maravilhosa, pois resume o que está acontecendo dentro de casa com nossos filhos e o quanto essa instabilidade tem gerado conflito de gerações e estresse nas relações entre pais e filhos e contribuído para minar relacionamentos amorosos. "Você gasta uma fortuna na educação de seu filho e ele só quer ir morar no exterior sem nenhum plano definido sobre sua carreira e vida em geral", desabafaram os pais de um menino de 18 anos que chegou ao final da escola.

Diante de tudo isso, a possibilidade de conflito familiar é ainda maior do que antes: estamos vivendo em um momento de extrema disparidade de valores geracionais, talvez a maior da história, e isso se deve ao mundo digital e ao que está ocorrendo nas mídias sociais, metaverso e por aí afora.

A renovação incessante de informações e modismos, os *trends* que não duram 24 horas, são indícios que apontam na direção de um mundo mais voltado para os interesses individuais e para uma educação sem fronteiras, onde qualquer lugar que exista no globo é logo ali. E isso torna difícil a adesão das gerações futuras a projetos de longa duração, comprometendo a ideia antiga de uma família agregada em torno de um almoço dominical.

Nós, como pais dessa geração atual, precisamos estar preparados para conviver muito menos presencialmente com nossos filhos do que tivemos a oportunidade de conviver com nossos pais. Se existem dificuldades no relacionamento parental, este novo padrão de convívio e relacionamento só vai promover um agravamento ainda maior do conflito.

O amor, como uma emoção devidamente conhecida e estudada, possui algumas tendências em sua expressão – tendências, pois, em se tratando de emoções e comportamento humano, nada pode ser generalizado, justamente pela incidência numerosa de variáveis incontroláveis que atuam de forma simultânea na questão.

O amor tende a se enfraquecer pelo distanciamento físico e temporal. O amor, quando não retroalimentado, sem reciprocidade, tende a se enfraquecer. O amor sem respeito nem admiração, cuidado e desejo do outro e pelo outro tende a se enfraquecer. Resumidamente, o amor pode sofrer um gasto bioquímico que modifica e corrói a ativação da emoção diante da exposição às variáveis antes descritas.

A manutenção amorosa é trabalhosa; é algo para os fortes, determinados e pacientes. Em se tratando de amor parental, dos pais para com os filhos, e dos filhos para com os pais, passada a fase mais dependente da infância, as regras são as mesmas. Novamente, o amor não está instituído por nenhuma condição prévia!

É óbvio que todo mundo quer ser amado e amar, principalmente um filho, quando desejado; o amor, contudo, não joga o jogo da intencionalidade – ele joga, sim, o jogo das consequências e das adversidades.

Precisamos nos despir do mito do amor instituído e permanente apenas em razão da existência de um título de pai e de filho, pois ele pode nos levar a altos níveis de sofrimento. O ato de gerar uma nova vida deveria ser a ação mais generosa e desprendida que um ser humano poderia ter.

Dar a vida a alguém deveria nos fazer menos exigentes e mais compassivos, pois não estamos falando de uma bolsa de valores: filhos não são um investimento; filhos são desprendimento no mais amplo sentido da palavra. Por eles, renunciamos a muitas coisas, e entre elas está nossa tão almejada liberdade. O nome disso, resumidamente, é empatia; necessitamos de altos níveis de empatia para exercitar qualquer função parental ou educacional.

Talvez o maior ato de amor seja exatamente estar preparado empaticamente para não cobrar amor e entender que, se distanciamentos emocionais estão acontecendo, eles podem ser irreversíveis e isso não depende apenas de você. Pode acontecer com qualquer um. Não estamos aqui falando de famílias totalmente desestruturadas com a presença de violência doméstica, abusos e perversidades contra crianças e adolescentes e entre os cônjuges. Estamos falando das famílias relativamente estruturadas, pois afinal todos temos conflitos. De perto ninguém é normal, já dizia Caetano Veloso.

Empatia gera respeito, mas não admiração e tampouco amor. Os laços precisam de investimento e trabalho para que sejam construídos positivamente, mantenha isso em mente. Em suma, isso vale para todos, mas em especial para os filhos: você não precisa me amar, mas sim respeitar; se houver amor, será lucro!

MITO 8 –
PUNIÇÃO FÍSICA PODE SER UMA FORMA VÁLIDA DE EDUCAÇÃO

A punição física é difundida, de modo transgeracional, como uma suposta forma legítima e válida de educar crianças e adolescentes. Foi apenas por volta de 1970, sob o efeito do lema "Paz e amor", herança do movimento *hippie*, que essas verdades começaram a ser questionadas. Daí para a frente, sob a ótica da ciência, as evidências surgiram à saciedade, mostrando os efeitos negativos de qualquer forma de violência no processo educacional.

Nos anos de 1990, apelidados de "a década do cérebro", com o avanço da tecnologia de neuroimagem, descobrimos que o efeito intermitente da violência contra crianças e adolescentes, ao longo de seus estágios de desenvolvimento cerebral, era capaz de alterar suas arquiteturas neurais. Como resultado de uma forma natural de defesa, o cérebro estimulava mais as áreas primitivas de proteção e preservação da vida, em detrimento das áreas mais nobres, denominadas áreas corticais, responsáveis pelo gerenciamento da socialização e da capacidade de controle de impulso e resolução de problemas.

Como resultado, as crianças que se desenvolveram "incubadas no terror" apresentavam níveis mais baixos de habilidades socioemocionais, capacidade de resolução de problemas, aprendizagem e regulação emocional. As crianças se tornavam mais impulsivas e propensas à agressividade e transgressão social em razão da redução drástica da capacidade empática, mediada por uma área do cérebro que controla as emoções, chamada de sistema límbico.

Então, mais uma vez, temos uma assimetria extrema, um abismo, entre o conhecimento científico e os mitos populares que ainda insistem em legitimar atos violentos, supostamente educativos, contra crianças e adolescentes.

Essa ideia esteve presente em muitas civilizações: os egípcios, por exemplo, diziam que os jovens tinham os ouvidos nas costas, o que quer dizer que só aprendiam com chibatadas no lombo; a Europa, até há pouco tempo, ainda permitia que educadores punissem fisicamente os estudantes nas escolas, tudo isso com a anuência dos pais, que em casa utilizavam a punição física naturalmente.

Segundo a historiadora Mary Del Priore, autora de *História das crianças no Brasil*,[*] os "selvagens" indígenas brasileiros não usavam a punição física como forma de educar suas crianças, embora as crianças em qualquer lugar do mundo, seja qual for a cultura, tendam a ter os mesmos comportamentos previstos em escalas do desenvolvimento. Haverá birras, desafios a autoridades, fobias transitórias, não importa onde você tenha nascido; a diferença está na forma de gerenciar isso tudo. Conforme essa lógica, devemos então louvar nossos "selvagens"!

É curioso que consideramos um sinal de barbárie bater em mulheres, achamos reprovável a violência entre adultos, atualmente condenamos quem é rude com os animais, mas e bater num ser frágil, indefeso e em desenvolvimento emocional, é legítimo? Que

---

[*] Del Priore, M. (1997). História das crianças no Brasil. Contexto.

contrassenso medonho é esse? Não vemos uma condenação veemente desse comportamento como acontece com as outras formas descritas de manifestações violentas.

O que pretendemos quando lançamos mão do bater para educar os filhos é um tanto óbvio – a obediência mediante subjugação da vítima à superioridade física e psicológica de quem bate, neste caso os pais e educadores que aplicam essa prática. Buscamos, na violência, certo nível de adestramento de condutas que julgamos inapropriadas para nossas crianças e adolescentes. Bater é uma frustrada tentativa de adestrar.

Toda educação baseada na imposição do medo gera aversão e não estimula a empatia. O raciocínio seria o seguinte: hoje estou no poder e você me obedece porque eu sou mais forte; amanhã, quando você estiver numa posição de poder, poderá igualmente subjugar os outros.

A prática do bater está muito relacionada à ignorância parental no que se refere às fases do desenvolvimento infantil e à falta de outros recursos que não o bater para adestrar e gerar obediência.

A maioria dos pais que acreditam que bater é uma prática válida, quando se utiliza dela, tende a apresentar algum nível de arrependimento e culpa depois do ato agressivo, principalmente depois que informações que condenam a violência começaram a circular de modo mais contundente na mídia em geral. Por que, então, acreditamos em algo que não é verdade e que pode levar nossas crianças, adolescentes e nós mesmos a sofrimento e culpa? Tenha em mente que as crianças, quando apanham, também se questionam e se sentem imperfeitas, incapazes de agradar aos pais e, muitas vezes, sentem-se indignas de receber amor e, por isso, resignam-se com atos violentos.

Outro importante problema associado à violência se chama multigeracionalidade, que nada mais é do que isto: quem bate, ensina a bater. A conduta do bater para educar vai passando de geração em geração de maneira natural e sem crítica, como uma herança familiar na forma de verdade.

Quando um adulto bate numa criança ou adolescente, está expressando sua frustração com algum comportamento que considera reprovável. Desse modo, a tendência da criança e do adolescente será de se expressar da mesma maneira ao experimentar a frustração em relacionamentos sociais.

Você pode ser chamado na escola porque seu filho agrediu um colega, atitude que repudiará repreendendo-o na frente de um orientador educacional e quem mais estiver presente na reunião. Seu filho, por sua vez, poderá deixá-lo em uma embaraçosa situação se responder: "Mas você também bate em mim quando está incomodado!". E agora? Ah, mas os adultos podem? Podem mesmo? Não podem, não! Bater em crianças é ilegal.

"Mas eu fui educado assim!" Essa é uma fala recorrente quando se condena o ato de bater em crianças e adolescentes. A resposta a isso pode ser de uma simplicidade franciscana: poderia ter sido melhor se não houvesse violência. Ninguém é bom porque apanhou – essa conta não é simples assim.

Há uma miríade de fatores que contribuem para a formação de nossa personalidade; sem a menor sombra de dúvida, bater entra como um fator negativo, nunca como uma contribuição favorável a um saudável desenvolvimento humano.

Outra afirmativa recorrente, usada principalmente por pais que já sistematizaram o suposto bater educativo, é esta: "Ah, então se não posso bater, eles podem tudo!". Errado novamente!

No que tange à frustração, fica clara a importância para o desenvolvimento da empatia por meio do chamado treino de tolerância à frustração. É claro que crianças e adolescentes não podem e não devem fazer ou ter tudo. O que deve mudar nas ações parentais são as estratégias promotoras de frustração: a violência, definitivamente, não ajuda no desenvolvimento da empatia; pelo contrário, só prejudica.

Costumo usar com os pais que atendo no meu cotidiano clínico a seguinte metáfora: se eu lhes enviar um arquivo com a versão mais atual de um editor de texto qualquer e vocês ainda utilizarem a versão mil novecentos e noventa desse mesmo editor, muitas coisas poderão ser lidas acerca do meu texto, mas aquilo que é mais sofisticado, mais tecnológico, não poderá ser decodificado devido ao caráter obsoleto do editor de texto em questão. Então eu brinco: se até o computador se atualiza, nós, sobretudo os pais, devemos nos atualizar constantemente. Evite culpas e danos à sua saúde mental, de seu filho e de sua família em geral: não utilize punição física com os filhos. Bater não educa, tenha isso em mente. Está difícil? Procure ajuda, procure um terapeuta especialista em psicoterapia e educação parental. Não deixe de se atualizar, não seja um artefato tecnológico ultrapassado. Lembra-se do disquete? Então, não seja obsoleto, não esteja tecnicamente morto em plena vida!

MITO 9 – SE VOCÊ FIZER TUDO CERTO, TUDO DARÁ CERTO

O comportamento humano é dotado de grande beleza, imprevisibilidade e muita complexidade. Há uma quantidade imensa de variáveis em campo quando tomamos decisões, a ponto de não dispormos de nenhuma forma cem por cento segura de previsões ou padrões de respostas em nossas ações. Sempre que analisamos um fato tentando prever algo, operamos pela lógica da probabilística, isto é, "se tudo seguir dessa maneira e levando-se em conta os fatos anteriores, é provável que ...", e é justamente por isso que, além de complexo, o comportamento é belo. A surpresa pode aparecer na contramão de tudo o que esperávamos.

Nossas ações não formam equações precisas; pelo contrário, elas são muito similares às equações que encontramos nos sistemas caóticos não lineares da teoria do caos. Nossa análise comportamental pode ser razoavelmente comparada à previsão do tempo. Podemos até fazer uma previsão de chuva com alguma confiabilidade razoável para as próximas 24 horas, mas de 48 horas em diante tudo fica menos preciso e mais complicado. Por quê? Da mesma maneira que nosso comportamento, na previsão do tempo há uma incidência incontrolável de variáveis que torna o fenômeno relativamente imprevisível.

Podemos nunca ter visto determinada pessoa reagir de certa maneira, porém, tomada de estresse e tendo feito uso de uma substância psicoativa, a reação dessa tal pessoa ocorreu de forma a deixar todos surpresos e estarrecidos. Ninguém foi capaz de calcular o quanto o estresse, associado a uma droga, poderia alterar o padrão de funcionamento daquela pessoa, pois não há modelo matemático que assegure o resultado de uma ação humana nem o peso de cada variável; existem modelos que calculam apenas sua previsibilidade relativa.

É de extrema importância nos despirmos, um pouco pelo menos, desta onipotência causal na educação de nossos filhos, porque não é isso que costumamos ouvir por aí.

Ao educarmos nossos filhos, somos constantemente cobrados – e nos cobramos – por tudo o que acontece de errado, fora do previsto ou que desagrade a alguém, como se isso fosse uma ação direta de atitudes equivocadas que tivemos ou deixamos de ter no ato educativo. Mas lembre-se de que nem sempre é assim: pensar dessa maneira é impor um modelo demasiado reducionista e simplista para um sistema caótico bastante avesso ao determinismo e à previsibilidade.

O que quero dizer com isso? Simples: nem tudo o que fazemos, e que consideramos certo, dará um resultado certo. O contrário também é verdadeiro: nem tudo que fazemos de errado fatalmente resultará naquilo que consideramos errado. Seguindo essa lógica, não temos tanto poder quanto imaginamos sobre o universo do outro, sobretudo de nossos filhos.

Para começo de conversa, e já discutimos isso antes, seus valores não serão necessariamente os mesmos de seus filhos, e é por isso que o certo e o errado são relativos. Para exemplificar melhor, e isso vale para que tem a consciência de que os filhos terão escolhas próprias, vamos criar um parâmetro aqui.

O conceito de educação bem-sucedida deve levar em conta a adequada e saudável inserção de um sujeito na sociedade. Isso envolve ter empatia, respeito a regras e limites, viver em consonância com a lei, ser produtivo, autônomo e independente e estar integrado ao mundo a sua volta. Fora isso, o que configura sucesso ou insucesso é meramente estético e moral. Orientação sexual, profissão, condição econômica, tudo isso está absolutamente fora de nosso controle e deveria, por questões de bem-estar, também estar fora de nosso desejo, daquilo que almejamos para nossos filhos.

A questão que intriga quem trabalha com comportamento humano é que temos numerosos exemplos de pessoas que foram educadas em ambientes onde estava "tudo errado" (isto é, falta de amor, ambiente tóxico, invalidante, abusivo) e que se tornaram pessoas excelentes. Por sua vez, pais amorosos, validantes, empáticos e protetivos podem amargar resultados na via oposta de tudo o que fizeram de modo dedicado.

Isso é muito difícil de entender, principalmente para os pais que fizeram "tudo certo". A sensação de derrota e, sobretudo, de culpa é avassaladora. A pergunta "Onde foi que eu errei?" é um mantra cotidiano em sua cabeça. É óbvio que a culpa, oportunista como costuma ser, facilmente encontrará uma morada acolhedora e bem profícua – a mente desses pais. Uma mente abastecida de preconceitos equivocados e irreais sobre o ato de educar e sobre o poder de direcionarmos a vida dos filhos está pronta para o estabelecimento pleno da avassaladora culpa.

Com relação aos pais negligentes, é pouco provável que a culpa os habite, visto que a falta de empatia para com os filhos oriundos de ambientes abusivos é crassa, motivo pelo qual nem cabem explanações mais aprofundadas a seu respeito – afinal, seja qual for o resultado, para eles tanto faz.

As escolhas de nossos filhos, avessas em muitos pontos a nossos valores e conceitos, podem ser explicadas, razoavelmente, por um conceito científico chamado de modelação e pelos neurônios-espelho.

Somos atraídos emocionalmente por pessoas que conseguem ativar nossas emoções, e esse tipo de atração não costuma ser mediado por aquilo que chamamos de funções corticais. Em suma, tais ativações emocionais não são processadas pelo cérebro consciente, mas, sim, pelo cérebro emocional. Esse fenômeno acontece não apenas com crianças e adolescentes, mas também com adultos, o que resulta na modelação de nosso comportamento a partir de tais identificações emocionais.

Essas identificações podem ocorrer tanto para coisas boas como para coisas ruins em nossa vida. Seu filho pode se identificar fortemente com um artista ou atleta que tenha condutas discutíveis e polêmicas em sua vida pessoal, mas como a arte ou o desempenho esportivo dessa pessoa é tão fascinante para seu filho, o lado B da personalidade dela pode não ser discriminado como equivocado e, ao contrário, pode ser incorporado por ele como um padrão de conduta normal. Isso vale desde o interesse por drogas até a afiliação política ou condutas extremas inaceitáveis socialmente. O oposto também é verdadeiro: bons exemplos podem gerar identificações saudáveis para os filhos.

Há uma tendência, numa fase da adolescência que chamamos de separação e individuação, de buscar ídolos fora do contexto familiar. Isso se faz necessário para que a personalidade se construa diferenciada da identidade da família, e aqui podemos ter um ponto de vulnerabilidade.

A tendência futura é que o indivíduo se reconheça como alguém diferenciado de sua família: embora possamos manter vários princípios herdados da convivência familiar, também tendemos a manter em nossas personalidades resquícios de valores construídos fora do sistema familiar. Nossa personalidade se constitui como se fôssemos uma colcha de retalhos formada de múltiplas influências. O resultado disso? O que vai ficar e o que não vai ficar, quem saberá? Voltamos ao princípio: nossos comportamentos se manifestam por meio de equações não lineares, imprevisíveis e caóticas.

A pergunta que não quer calar é a seguinte: você está pronto para isso? Pronto para entender que não depende apenas de você, e que mesmo fazendo tudo o que considera certo, o resultado é meramente uma aposta, sem garantia alguma? Se sim, você estará menos propenso a culpas infundadas. Sua qualidade de vida, embora possa viver grandes e verdadeiras decepções, será melhor, e sua capacidade de resiliência para lidar com as adversidades será maior. É disto que se trata no final: os pais precisam ser muito resilientes quando embarcam na aventura que é educar uma criança e um adolescente.

A informação correta sobre esse fenômeno educacional pode nos ajudar a aceitar melhor esse verdadeiro processo educativo, evitando assim maiores níveis de sofrimento. Educar é, sobretudo, um ato de amor, bravura, generosidade, compaixão e desprendimento. Faça sua aposta, tenha filhos!

ANTÍDOTO –
PRECISAMOS DE UMA ESCOLA DE PAIS

Todas as atividades importantes da nossa vida requerem estudo, treinamento, informação e dedicação, pois, para um desempenho razoável de qualquer tarefa, precisamos de algum grau de conhecimento, disciplina e estudo. Realizamos aprendizagens fundamentais e aperfeiçoamentos constantes ao longo de toda a existência, da infância até o final do ciclo vital.

Vamos à escola, frequentamos cursos, universidades, somos treinados e estudados para ocupar postos de trabalho, seja lá o tipo de atividade que iremos desenvolver profissionalmente.

No que se refere à educação de crianças e jovens, exigimos dos professores que eles tenham um cuidadoso treinamento para que desenvolvam muitas habilidades, entre elas regulação emocional, criatividade, capacidade de improvisação, ludicidade e didática, já que irão atuar numa fase do desenvolvimento humano bastante sensível às novas aprendizagens.

Sempre procuramos ensinar e treinar as pessoas e, quanto mais importante a função, maior o treinamento e maior a responsabilidade de quem vai desempenhar a tarefa. Seguindo esse raciocínio, não seria adequado deixar que qualquer experiência e conhecimento fossem adquiridos simplesmente pela prática, a partir de uma lógica de acerto e erro.

Por que, então, os pais não são preparados para desempenhar as funções parentais, já que essa é uma das coisas mais importantes na vida de quem tem filhos? Por que seguimos criando filhos na base do palpite e da experiência, nem sempre bem-sucedida, dos mais velhos?

Toda a evolução da ciência até hoje, desvendando o desenvolvimento infantil e adolescente, não chegou numa linguagem clara aos pais ou pretendentes à função. Mas por que não? Temos muitos exemplos positivos demonstrando que, quando o conhecimento científico é difundido e adaptado à linguagem leiga, os benefícios são preventivos e profícuos em longo prazo.

Podemos citar a odontologia, com suas campanhas de escovação dos dentes para redução de cáries e melhora da saúde bucal, a nutrição, que nos ensina hábitos alimentares e os benefícios ou malefícios de alguns tipos de alimentos, e a cardiologia, que nos estimula e demonstra os ganhos obtidos com a prática de exercícios físicos e com o combate à obesidade, ao tabagismo e ao uso de drogas.

Podemos até optar por não fazer nada disso, mas já adquirimos um alto grau de consciência sobre o que fazemos e deixamos de fazer em prol de nossa saúde, de modo que pelo menos o conhecimento nos possibilita algum nível de escolha. A questão é que a divulgação massiva e constante de informações de qualidade favorece a mudança de nossos hábitos. Pessoas a nossa volta aderem aos novos hábitos saudáveis e, naturalmente, fica mais fácil, pelo ambiente que nos cerca, aderir igualmente a tais práticas benéficas.

Mas por que, depois de tanta evolução do conhecimento em diversas áreas da ciência, ainda estamos relativamente estagnados num tema de suma importância e urgência que se chama educação parental?

A cultura da família "tradicional", machista e patriarcal ainda domina nossos hábitos, por mais que assumir isso seja desconfortável e contribua para a manutenção do *status quo* da soberania do lar. Nossas crenças sociais abastecem muito nossos comportamentos e sentimentos de fracasso. A sociedade carimba o rótulo de bem-sucedido em todo mundo que tem realização profissional, estabilidade e sucesso financeiro explicitado por bens materiais e – a cereja do bolo – tenha constituído uma família estável na qual os problemas são resolvidos em casa.

Diante desse quadro, precisar de ajuda ou, ainda pior, buscar ajuda externa na educação dos próprios filhos significa incompetência parental explícita, ou seja, um fracasso pessoal que compromete todo o protocolo do sistema bem-sucedido recém-descrito.

Quando apelamos por ajuda, temos, em suma, uma perda da "soberania" do lar. "Estranhos irão palpitar em nossa vida e decidir por nós o que é melhor para nossa família, para nossos filhos?" Você tem noção de quantas vezes eu ouvi falas semelhantes nestes vastos anos atuando como terapeuta?

Talvez o leitor não faça a mínima ideia, mas foram inúmeras, pode acreditar. Agora faço outra pergunta: você sabe quem mais busca ajuda e é mais suscetível e maleável à informação? As mulheres, claro! Na outra ponta, muitos homens, do alto de suas virilidades, acham ridículo expor os problemas da família a um estranho e não acreditam em terapeutas. Eles nos colocam na mesma prateleira de duendes, fadas e Papai Noel: ou se acredita neles ou então não existem – tudo vira uma questão de fé.

Machos de verdade resolvem seus problemas sozinhos! Isso ainda existe? Lamentavelmente a resposta é sim. A oferta desse tipo de homem continua abundante no mercado das relações humanas e familiares e explica muito do atraso do conhecimento científico para os pais ou pretendentes ao cargo. Tal maneira de pensar e agir atrasa, sobremodo, o acesso à saúde mental de crianças e adolescentes necessitados, que poderiam ter problemas menos complexos resolvidos precocemente, com menos prejuízos, se tivessem pais que estimulassem e recorressem à busca de recursos quando se percebe a existência de algo que não vai bem.

Há mudanças significativas na sociedade, bem como sinais de questionamento e alterações de postura visando ao enfrentamento do machismo estrutural. Há homens buscando seu lado sensível e entendendo que isso não afeta sua masculinidade. Há homens entendendo que demonstrar fraqueza não é falha de caráter. Os homens precisam compreender que, quando se compartilha a vida com alguém, dividir problemas, finanças e intimidade só nos torna mais leves e seguros de nós mesmos, o que vai justamente na via oposta de tudo o que nos ensinaram e nos cobraram quanto a nosso papel social até então.

Creio que o principal vetor para mudanças mais profundas na estrutura social está, em grande parte, na educação que pais e mães dão a seus filhos homens. Mulheres não são objetos, não se deve fazer piada vulgarizando ou criticando corpos femininos, não se deve estimular gordofobia, violência, discriminação ou etarismo, e a equidade dos sexos deve ser ensinada em casa como um valor familiar.

A valorização feminina deve ser imperativa. Devemos ensinar a nossos filhos homens que, quando uma mulher diz não, isso é o que prevalece, e que não há condição financeira ou *status* que possa se sobrepor a uma negativa feminina. Devemos ensinar a nossos filhos homens que a violência física é algo inaceitável e, além de tudo, é crime, e isso vale para todas as mulheres: cis, trans, heterossexuais, bissexuais, enfim, todas. Devemos ensinar a nossos meninos que a expressão sexual de cada um não diz nada a respeito nem do caráter nem do potencial e das habilidades de ninguém.

Precisamos de mudanças profundas nas bases da educação tradicional. Educar filhos como as gerações passadas foram educadas não condiz mais com a sociedade de hoje. É como tentar vestir uma roupa que não nos serve mais; é o caminho mais rápido em direção ao fracasso educacional e à busca de culpados imediatos e, nesse caso, a guilhotina da culpa sempre nos decapita.

A chave para isso se chama educação parental socioemocional. Terapeutas que atendem crianças e adolescentes invariavelmente necessitam trabalhar com educação parental fundamentada nas emoções, visto que os filhos não são peças avulsas e desvinculadas de seu sistema de referência: eles são parte de um complexo emaranhado de relações afetivas chamado família.

A educação parental socioemocional tem se mostrado uma ferramenta bastante eficaz para que tenhamos pais instrumentalizados a atuar de maneira complementar às técnicas prescritas pelo terapeuta, acelerando, assim, o tratamento dos jovens. Contudo, a educação parental atua também, de modo muito eficaz, na prevenção, ou seja, na prática parental cotidiana sem que necessariamente tenhamos algum problema que justifique uma intervenção psicoterápica.

Pais com conhecimento prévio de todas as fases já catalogadas pela psicologia do desenvolvimento e pelas neurociências acerca do crescimento dos filhos relatam menos estresse na relação com eles, menor uso de punições (entre elas a contraindicada punição física) e mais satisfação na parentalidade e no convívio familiar.

Vejamos um exemplo simples: a tendência universal das crianças de expressar birra. A fase prevista para o início desta turbulenta etapa é por volta dos 2 anos e deve arrefecer por volta dos 4 anos de idade, mas isso depende muito do ambiente, ou seja, dos educadores. Especialistas batizaram essa fase de adolescência da infância.

O nome, por si só, já causa arrepios, pois adolescência é a fase da oposição, do enfrentamento; tudo isso aliado à baixa intervenção cognitiva e expressão emocional aguda da infância é mesmo de assustar, principalmente aos desavisados.

Vamos explicar cientificamente por que isso acontece. A birra nada mais é do que a raiva expressa no momento em que os pais começam a intensificar os limites para os filhos, pois uma criança de 2 anos já se desloca com destreza pelos ambientes e começa a demonstrar suas vontades de modo bem claro. Isso pode ser expresso via comportamento da criança mediante um pedido de uma compra de um brinquedo numa loja ou da vontade de comer chocolate antes do almoço.

Diante da negativa parental, a criança reage diferente do que fazia anteriormente: desta vez a emoção raiva começa a se expressar de modo mais agudo, e isso ocorre pela baixa tolerância à frustração que crianças dessa idade demonstram quando seus desejos são negados. Nesse caso, a birra é apenas uma forma de protestar e de testar os limites do que é possível ou não no ambiente em que ela vive.

Com o passar do tempo e a constância do manejo parental quanto à manutenção dos limites, a criança começa a regular a expressão de sua emoção raiva, tolera mais a frustração e, como consequência, desenvolve maior capacidade empática. Se isso ocorrer, a sociedade como um todo só tem a agradecer.

No entanto, quando os pais não têm conhecimento prévio dessa fase, podem fazer a interpretação de que a criança tem temperamento difícil, de que se sacrificam e são por ela maltratados, como se isso não fosse absolutamente normal em todas as crianças do mundo. Várias crenças disfuncionais podem se desenvolver como consequência dessa ignorância dos fatos e muitos comportamentos equivocados, como a punição física, podem aparecer para piorar a situação, deteriorando relações emocionais importantes ao longo da vida.

Esse é apenas um pequeno exemplo que justifica o motivo pelo qual o conhecimento científico deve ser partilhado com os pais. Esse conhecimento permitirá, mediante preparação prévia dos pais, o uso de estratégias educativas que se demonstram eficazes no manejo dessas situações em muitas famílias.

Por isso militamos pela escola de pais. Nosso desejo é que possamos ter a informação de modo amplamente difundido e que sejamos capazes de alcançar futuros pais, pais que já tenham filhos, pais adotivos, pais afetivos, familiares em geral, educadores, pedagogos e qualquer outra pessoa que demonstre interesse pela infância e adolescência.

O conhecimento prévio para os candidatos a pais é capaz, inclusive, de fazê-los rever se desejam mesmo embarcar na parentalidade, se desejam arcar com as renúncias e consequências, sejam elas quais forem, da missão de educar um filho. Os números de violência contra crianças e adolescentes são estarrecedores.

Negligência, abuso psicológico, físico e sexual marcam a vida deles para sempre, sendo que vários casos acabam em suicídio, dependência de substâncias químicas e reprodução da violência quando as vítimas constituem suas próprias famílias, pois a violência doméstica tende a ser multigeracional, ou seja, uma cultura que é passada de geração a geração.

Quantos ciclos de violência, quantas histórias poderiam ser diferentes para a saúde mental individual e para a coletividade como um todo, se a consciência parental fosse intensificada diante do desejo de termos filhos ou não?

A escola de pais permite que nosso cérebro consciente, cartesiano, dialogue com nosso cérebro biológico, que tem a função de promover disparos de algoritmos em prol da reprodução, numa lógica estritamente darwiniana de preservação da espécie.

A espécie à qual pertencemos – o *Homo sapiens sapiens* – já está com sua preservação garantida. Vivemos em um planeta infestado de *sapiens*, sendo que a ameaça ao bioma é justamente consequência da infestação dessa espécie, que se mostra pouco empática e consciente acerca da vida no planeta e das gerações futuras.

A escola de pais pode atuar como uma fonte libertadora do ato de se reproduzir de forma compulsória. A escola de pais possibilitará a aquisição de conhecimento e instrumentalização técnica, permitindo aos pais uma criação e educação de filhos de modo mais consciente, mais preparado e o menos estressante possível. A escola de pais pode ser o antídoto definitivo contra culpas infundadas que assolam e comprometem a saúde mental e as relações familiares.

Devemos, pelo bem de todos, embarcar na parentalidade por meio de atos conscientes, empáticos e generosos, atos capazes de nos despir de egoísmos autorreferenciados que nos aproximem do outro pela via do amor, da construção, da criatividade, em vez da violência carregada de frustrações, incertezas e arrependimentos de uma parentalidade imposta pela sociedade ou por nossos desenfreados algoritmos biológicos de reprodução.

Mas tenhamos sempre em mente o seguinte: mesmo que estejamos preparados e estudados para as funções parentais, não somos controladores dos resultados que virão. Parentalidade é, acima de tudo, uma aceitação dessa premissa.

ATO FINAL – UM BREVE TRATADO SOBRE A CULPA

Nasce uma mãe, nasce uma culpa. Você certamente já ouviu essa famosa frase em algum momento da vida. Eu quero cometer a ousadia de transformar essa sentença, incluindo nela os pais, nesse caso a pessoa do genitor, mas falo aqui de pais conectados aos filhos, pais empáticos e preocupados com o bem-estar dessas criaturas frágeis que dependem imensamente de nossos cuidados, pais diferentes, e não como aqueles de antigamente, que achavam que sua única função na educação dos filhos era a de estar na rua trazendo dinheiro para casa, pois do restante a mamãe dava conta.

Os pais em geral, agora estou falando de mães e pais, sejam eles dois homens, duas mulheres, não importa, principalmente os pais desinformados, ou seja, a grande maioria deles, quando conectados aos filhos, tendem a vestir a roupa da culpa para tudo. Isso vai desde a popular virose, contraída provavelmente porque se deixou a criança jogar futebol no entardecer sem um agasalho mais quente, até a dificuldade de adaptação social dela na escola, motivada pela falta de algo que se lhe deveria ter sido ensinado, mas não foi.

A falta, ou sensação de falha, passa a ser uma certeza parental desde o início do processo da gestação, pois sempre há um exame novo que não foi feito, mas que deveria ter sido, uma discussão de casal que não poderia ter ocorrido, uma noite mal dormida, uma xícara de café a mais que foi tomada em um momento de fraqueza da mãe e que poderá prejudicar o bebê dramaticamente pelo resto de sua existência. Esse programa, ou *software* mental, é parte do sistema operacional parental mundo afora; na verdade, não se trata de um programa, mas sim de um vírus em nosso sistema mental, implantado pela sociedade que atua como um *hacker* disseminando a praga numa espécie de corpo a corpo social.

O vírus tende a perdurar no sistema pelo resto da vida se não tomarmos cuidado e consciência dele. Esse vírus da culpa, inclusive, atuará como mediador das interações familiares de modo muito danoso. Depois da infância, quando os filhos estiverem na adolescência e vida adulta, a complexidade dos motivos geradores de culpa só se intensifica. A culpa nas falhas educacionais percebidas pelos pais ou pelo meio social ao qual pertencemos não envolve apenas o remorso, aquele tipo de culpa que atribuímos a nós mesmos. Ela também se volta para nossos parceiros como forma de explicar o problema e responsabilizar o outro, nesse caso o cônjuge.

Isso é manifestado por frases do tipo: "Você não educou direito esse garoto, por isso ele é assim"; "Se você estivesse mais presente na vida de sua filha, tudo seria diferente". Provavelmente você já ouviu sentenças como essas em sua história de vida, direcionadas a terceiros, ou quiçá a você mesmo; é possível até que já tenha feito uso verbal de alguma delas para atingir alguém próximo, afinal elas habitam nosso cotidiano com bastante regularidade.

A sentença culposa nos persegue pela vida toda, seja atribuída a nós mesmos ou aos outros. Essa forma usual de lidar com os problemas só demonstra uma estratégia tosca que utiliza a simplificação e a redução da questão em si, gerando apenas as seguintes possibilidades de uma lógica binária: a falta de algo ou o excesso de algo. É mais ou menos assim: "Se você tivesse feito isso…" ou

"Se você não tivesse feito aquilo", e assim seguimos a novela. Vale lembrar, mais uma vez, que estamos falando de famílias empáticas e conectadas aos filhos, aquelas que querem acertar.

Tendemos a nos culpar ou culpar nossos parceiros por tudo que acontece de ruim na criação dos filhos, pois no cerne da questão existe uma grande dificuldade de aceitar, inicialmente, as imperfeições de nossos pais e, posteriormente, as nossas próprias imperfeições no desempenho da função parental. As crianças acham os adultos perfeitos, donos da verdade, super-heróis infalíveis, e nossa conduta reforça isso. Fingimos para os filhos que sabemos tudo, que controlamos as emoções, desejamos ser vistos por eles como fortes, inabaláveis, que temos saída para tudo. Mas isso barra qualquer possibilidade de lidar com nossas fraquezas, fracassos e limitações pessoais – e de admiti-las.

É importante admitirmos nossas falhas para nossos filhos, nossa ignorância quanto a determinados assuntos, nossa expressão de tristeza ante uma decepção, nossa raiva diante da falta de respeito para conosco, assim como demonstramos nossa felicidade e nosso amor. Alegria e amor, por serem vistos equivocadamente como emoções positivas, são tratados como se promovessem apenas o bem, enquanto raiva, medo, tristeza e nojo devem ser mascarados, afinal seriam supostamente emoções negativas se admitidas no processo educacional.

Com isso, a perfeição nos assombra. Costumamos criticar nossos pais por deslizes que eles cometem mesmo depois que já somos adultos, o que quer dizer que a fantasia de pais infalíveis e perfeitos ainda habita nossas crenças, do mesmo modo como nossos filhos embarcarão nesse círculo vicioso.

É importante que paremos de fingir para nossos filhos que não sentimos emoções, que não sofremos e que, por sermos adultos, devemos suportar tudo. Precisamos nos humanizar ante eles, expor nossas dores, limites e incapacidades. Isso aumentará o nível de tolerância no convívio diário familiar e permitirá que eles se autorizem, igualmente, a demonstrar suas fragilidades quando forem interagir com seus filhos no futuro e a aceitarem os pais de modo mais compassivo e menos crítico. Emoções expressas de maneira assertiva reforçam vínculos saudáveis e amorosos, pois promovem empatia, esse fundamental conector social.

Não há nada de errado em cometer erros; há, sim, grave falha quando não conseguimos ser empáticos e autorreflexivos o suficiente para tentar reparar possíveis danos que tenhamos cometido por nossos equívocos. Não são falhas esporádicas que acabam com uma educação amorosa nem com a autoestima de uma criança ou um adolescente; se assim fosse, seríamos todos destruídos por memórias traumáticas. A autoestima é influenciada pela constância e intermitência de atos amorosos no convívio diário com nossos educadores.

Seguindo esse raciocínio, os filhos também cometem muitas injustiças e erram bastante na interação com os pais. Essa é a vida como ela é. Chega a ser irritante e surreal o quanto exigimos de perfeição quando se trata da relação entre pais e filhos, porém, mesmo assim, acabamos assinando esse contrato social inexequível, nos deixamos contaminar pelo tal vírus, abrindo acesso para que as sentenças culposas nos atropelem ali adiante.

Mas vamos ao que realmente interessa. O que é, afinal, a culpa e para que ela serve? Já que ela nos visita com tanta frequência, alguma função importante ela deve ter, você não acha?

A culpa nada mais é do que uma emoção, e as emoções têm a importante função de preservar nossa vida. Porém, para nossa espécie extremamente sofisticada em termos sociais, elas servem essencialmente à comunicação. É possível perceber então que há algo sendo comunicado quando uma emoção é ativada, mas, para sermos mais explícitos, precisamos inicialmente entender que existe uma classificação que divide as emoções em básicas e secundárias.

As emoções básicas incluem medo, nojo, raiva, tristeza, alegria e amor. Não há consenso na literatura científica quanto ao fato de as emoções básicas serem apenas seis, pois há relatos acerca da existência de algumas outras básicas, mas essas seis são nosso alicerce emocional, sem sombra de dúvida. Quanto às emoções secundárias, elas são incontáveis, mas podemos citar aqui, a título de exemplo, ansiedade, irritabilidade e repulsa; o importante a notar é que todas as emoções secundárias são derivadas das emoções básicas.

A culpa é uma emoção secundária que deriva diretamente de uma emoção básica, a tristeza, mas que costuma fazer conexões frequentes com duas outras emoções igualmente básicas: o medo e a raiva. Para chegarmos ao entendimento da culpa, precisamos deixar claro que as emoções são sistemas semânticos, de significados, e que precisamos decifrar o que significa cada uma dessas emoções a ela ligadas.

Comecemos pela tristeza, a mãe da culpa. A semântica dessa emoção indica que nos sentimos fracassados, abandonados, incapazes, fracos e perdedores. A culpa, que deriva diretamente dela, serve para que sejamos capazes de revisar passo a passo, em nossa cabeça, nossos conceitos, o motivo pelo qual nos sentimos tristes e que geralmente envolve alguma falta, algum equívoco que cometemos, o qual pode nos ser apontado por alguém de fora ou percebido por nós mesmos.

A culpa é uma forma de pensar sobre o pensar, o que chamamos tecnicamente de metacognição. Ela, a culpa, avalia nossas faltas, e isso permite que mudemos aquilo que não fizemos de modo correto. Só tem culpa quem possui capacidade empática, isto é, a capacidade que temos de nos colocar no lugar do outro para entender que algumas atitudes nossas geram sofrimento e dano a alguém. Uma amiga querida sempre diz que só pede perdão autêntico aquele que sente culpa, o que é uma coisa de pessoas boas – os maus não fazem isso. Concordo plenamente!

É essencial perceber, também, que o sentimento do outro deve ser importante para nós, de modo a nos proporcionar equilíbrio emocional e satisfação semelhante para o outro, que assim se sente respeitado e validado em suas emoções. É difícil alcançar o bem-

-estar sabendo que estamos fazendo mal a alguém ou que pessoas que amamos, próximas a nós, estão sofrendo. Caímos novamente no cerne, no alicerce da questão – a empatia.

A ausência de culpa é meramente a manutenção das certezas, a impossibilidade de mudanças. Sem culpa, jamais seremos levados ao mundo do outro para entender as coisas de uma perspectiva externa a nossa, jamais teremos conexões emocionais profundas ou arrependimento, jamais teremos transformação.

Já o medo, por sua vez, é uma emoção que significa algum tipo de ameaça, algo que nos coloca em situação de vulnerabilidade; é a sensação de que não temos os atributos ou as ferramentas necessárias para dar conta do que virá.

A parentalidade é como um daqueles jogos bem complexos de *videogame*: quando passamos adiante de fase, o novo estágio nos exige mais dedicação e mais atributos para que sigamos avançando, desafio a desafio. No caso da parentalidade, esses desafios são diários e vitalícios, e aí entra em campo o medo.

O medo que temos de não dar conta dessas demandas nos leva diretamente à conexão com a emoção culpa: somos culpados porque não temos resposta para tudo, porque não temos conhecimento amplo nem capacidade para resolver entraves diários. O pior é que, quando observamos as famílias dos outros, eles parecem saber, eles parecem dar conta, eles parecem bem-sucedidos diante de nossa corrosiva sensação de fracasso.

A raiva, por sua vez, é uma emoção que significa injustiça, ofensa, ataque, desrespeito e desprezo, e é assim que ela entra no enredo. Nossa cultura, além de não nos preparar para a parentalidade, nos ataca com cobranças acerca da educação que damos a nossos filhos. As cobranças vêm dos amigos, dos familiares, da escola e até de desconhecidos a quem chamo de arquitetos de obras prontas. Esses arquitetos de obras prontas sabem de tudo o que é melhor para seu filho e deixam claro que você não sabe, mas deveria saber. Mesmo que suas vidas familiares sejam um desastre, eles costumam agir com soberba para cima de você.

As conexões da culpa com outras emoções descritas são relativamente simples de serem entendidas, pois a semântica de cada uma das emoções apresentadas completa e dá sentido a tudo o que estamos vivendo.

Precisamos entender que, por serem sistemas semânticos (e o cérebro não opera sem semântica), as emoções nos dão um colo. Independentemente de estarem certas ou erradas, elas dão sentido às coisas, e a semântica é um importante remédio, pois ela afaga e acomoda nossa mente, por pior que seja a situação. Por exemplo, quando alguém próximo ou mesmo distante de nós morre, queremos saber o que aconteceu. Quando nos explicam o que houve, o sofrimento ocorre da mesma forma, mas o cérebro se acomoda com a explicação, ainda que isso não traga a pessoa morta de volta. A ausência de explicação nos deixa absolutamente inquietos. Explicação e sabedoria representam domínio e controle – e o cérebro humano adora isso.

Sentimos tristeza diante de fracassos e incapacidades de lidar com problemas quando somos pais, sentimos medo de não dar conta do que virá pela frente, dos novos desafios, e sentimos raiva por parecer que estamos sozinhos e sempre com um dedo julgador apontado diretamente para nossa cara. Esses sentimentos extrapolam e comprometem nossas relações sociais, mas comprometem, sobremaneira, nossa capacidade de entender nossos limites e de ter relações saudáveis e humanizadas com nossos filhos, para quem só queremos o melhor. O melhor de nós está tanto em nossa ignorância quanto em nossa incompletude, em nossa imperfeição e humildade para recorrer à ajuda toda vez que nos sentimos paralisados pelos problemas.

Em hipótese alguma quero dizer que tais emoções não deveriam estar presentes nas relações entre pais e filhos. O que preciso deixar claro é a dimensão e a interpretação que a elas são dadas quando as emoções entram em campo na interação afetiva entre as pessoas.

É por isso que nós, adeptos da educação socioemocional, lutamos por aquilo que chamamos de alfabetização emocional de adultos e crianças, para que nos tornemos capazes de conhecer as emoções de modo análogo a uma estrutura linguística, que possui gramática, semântica, léxico e sintaxe – ou seja, da mesma maneira que aprendemos uma língua estrangeira, podemos aprender sobre nossas emoções. Esse conhecimento amplo nos torna não apenas alfabetizados emocionalmente, mas, sim, proficientes, o que na realidade configura um patamar acima de uma simples alfabetização, e isso tudo gera resiliência para a vida.

Ainda há outras coisas básicas que precisamos saber a respeito de nossa protagonista culpa. Ela tende a operar por meio de um mecanismo básico chamado de ruminação, que, como tudo na vida, na dose certa é remédio, mas que em ausência ou excesso é o mal.

A ruminação é aquela forma de pensamento que habita a mente de maneira repetitiva e persistente; justamente por isso, chamamos esse modo de pensar de ruminante. Diante de uma atitude equivocada de nossa parte, é a ruminação que nos fará olhar a perspectiva do outro de modo empático, é ela que nos fará sair de nosso egoísmo e promover alguma forma de mudança de atitude e de retratação nossa para com quem foi prejudicado.

Obviamente, porém, há um limite para isso; o pensamento reflexivo deve ter um tempo de elaboração; caso contrário, se permanecer num fluxo constante, ele pode nos levar a um processo depressivo no qual a culpa não será digerida e se manterá incessantemente habitando nossa mente.

O problema no ato de educar é que somos diariamente confrontados com novos desafios, pois nossos filhos são permanentes caixas de surpresas – sempre há alguma questão nova e imprevisível no caminho. Se você já teve um filho, não há garantia nenhuma de domínio dos processos que virão com um novo filho: as coisas serão diferentes e nunca estaremos totalmente preparados para esses novos desafios e suas distintas necessidades.

E é precisamente por isso que ter filhos é um prato cheio para a culpa oportunista; pelos filhos queremos dar o melhor sempre e em tudo o que fazemos. Como não há regras, não há receitas de bolo; o que existe são desafios diários e, ainda, os arquitetos de obras prontas, sempre apontando nossas insuficiências e equívocos constantes. Assim, está decretado nosso veredito de culpados. Nós que vivamos com ele até sabe-se lá quando.

Tenho criticado a culpa excessiva, desmesurada e mal aplicada principalmente no que se refere às situações educacionais, mas a presença de culpa excessiva é corrosiva para qualquer relação, seja entre familiares, amigos ou colegas de trabalho, e precisamos ter consciência disso.

Por que certas pessoas possuem um terreno fértil para a instalação da culpa patológica? E mais, por que a culpa é uma péssima mediadora de relações entre as pessoas quando ela se mostra frequente, equivocada e distorcida?

A culpa demonstra uma falha, um erro, uma falta, uma incapacidade de nossa parte na relação com o outro ou, ainda, voltada para nós mesmos; é comum sentirmos culpa por tudo que deixamos de fazer em nosso benefício e de escolhas que julgamos equivocadas e nos geram autopunição.

Este é o ponto: a culpa é uma forma de punição! A culpa é um tribunal dentro de nossa cabeça que nos julga e nos condena. O problema é que, quando nosso juiz interno é muito severo, seremos sempre penalizados de maneira cruel, entrando num permanente circuito de autoflagelo.

Você quer saber qual é o nome desse juiz? Autoestima! Nasceu e se criou dentro de você, fertilizado pelas experiências precoces com sua família, com seus colegas de escola e amigos ao longo de toda a sua infância e adolescência até a chegada na vida adulta. Essas experiências são responsáveis pela formação do que chamamos de crenças centrais, que nada mais são do que as interpretações que criamos de nós mesmos, do ambiente ao redor e que resultam no modo como nos projetamos no futuro. Temos crenças sobre como somos enquanto pais, enquanto filhos, enquanto amigos, profissionais, temos crenças para tudo; aliás, de acordo com as neurociências, o cérebro humano consiste em uma fábrica permanente de crenças, inclusive para aquilo que nunca vivemos, mas sobre o qual já possuímos opinião e posturas.

Muitas de nossas crenças são aprendidas, criadas e "compradas" no mundo social, e isso se dá mediante aprendizagens derivadas da interação com os outros e com as instituições normativas da sociedade. Na vida social, aprendemos o que é certo e o que é errado, e essas aprendizagens podem ter variações de cultura para cultura. Por exemplo, nós, latinos, expressamos grande parte de nosso apreço e afetividade pelo outro via contato físico, o que para os povos anglo-saxônicos é um ato de invasão do espaço corporal, logo condenado socialmente.

O que a sociedade nos ensina e espera de nós sobre parentalidade? Paciência permanente, devoção permanente, atenção permanente, acerto permanente. A sociedade espera de nós atos de permanência em coisas positivas, mas jamais somos confrontados, validados ou orientados quanto ao nosso natural e igualmente verdadeiro lado B, o lado oposto a tudo o que esperam de nós.

O curioso é que, mesmo que tenhamos uma boa base de autoestima, quando nos tornamos pais, nos descobrimos insuficientes; portanto, nossa autoestima parental é vulnerável para todos que compraram as tais crenças sociais. Mas se você já tem uma autoestima insuficiente de berço, a parentalidade é seu inferno, o "caldeirão do capeta" onde você vai cozinhar para todo o sempre.

Relações que são mediadas pela culpa não são saudáveis pelo simples fato de que uma interação entre duas pessoas deve ser mediada por certo nível de equidade; caso contrário, ocorrerá um desequilíbrio que levará a relação para um contexto em que passa a haver um devedor e um credor. Teremos, assim, um relativo desequilíbrio na balança das interações afetivas e sociais.

A dinâmica das relações culposas tem, de um lado, alguém querendo reparar algo que fez de errado e, do outro, alguém que se percebe como merecedor de uma reparação por algo que o feriu. Sem dúvida, isso é extremamente saudável para a manutenção de laços afetivos e sociais, desde que ocorra quando de fato existe algo que precisa ser reparado, e não de modo regular, como costuma acontecer nas relações parentais.

Relações longitudinais são, em grande parte, consequência da capacidade de pedirmos desculpas e de nos retratarmos quando necessário, oscilando, muitas vezes, entre a posição de sujeito ativo e passivo, daquele que pede perdão e daquele que perdoa, tudo em prol da manutenção de vínculos caros para nós.

Quando o desequilíbrio é frequente, como tende a ocorrer nas relações parentais, há um empoderamento da suposta vítima e uma passividade escravizante do faltante. Acredite, nossos filhos, conectados a nós pelo *wi-fi* da empatia, leem perfeitamente nossa culpa por meio de sinais emocionais e comportamentais que emitimos interagindo com eles.

Isso pode envolver posturais corporais, expressões faciais, oscilações vocais, rompantes de mudança de humor, que nada mais são do que comunicadores decodificáveis que se manifestam pela amplitude do espectro de nossa ativação emocional. O resultado surge estampado na relação com nossos filhos – um atestado de culpados permanentes. Vale relembrar que isso pode ocorrer de modo subcortical em nosso cérebro, ou seja, tudo alheio à consciência.

Qual o impacto disso nas relações parentais? Basta imaginar que, quando a culpa medeia a relação com os filhos, é como se você entrasse em campo com o jogo em desvantagem e com um time nitidamente mais fraco para enfrentar uma partida bastante difícil, o que vai lhe exigir um esforço enorme para atingir o equilíbrio. Você se coloca na relação com o outro como um devedor, e essa condição pode fazer você ceder com mais facilidade a valores que lhe são importantes, dificultando, inclusive, a função dos pais como operadores de limites e educadores.

Podem surgir fortes ambivalências em decorrência disso, afinal sua consciência sabe que você não está agindo como deveria e de certa forma lhe cobra atitudes corretas. Todavia, com as emoções no comando, o destino aponta para outro lugar. Essa dicotomia entre razão e emoção gera um conflito muito grande em nossa mente, e é ela que nos faz afrouxar as regras a ponto de renunciarmos à imposição de limites importantes para nossos filhos. Tudo isso ocorre em nome de uma suposta dívida que temos para com eles, e a dívida origina-se justamente da incerteza: estamos fazendo o melhor para eles? Estamos sendo os melhores e mais perfeitos pais para nossos exigentes e demandantes filhos?

Cada vez que os filhos questionam nossas regras, nos momentos em que estamos lhes impondo limites, as dúvidas superam as certezas, e pensamentos dicotômicos começam a brotar em nossa cabeça. Será que estamos sendo justos, será que estamos fazendo o correto, será que estamos sendo rígidos demais, será que estamos dando o nosso melhor, será que os estamos prejudicando? Esse mecanismo ocorre porque eles são peritos em descobrir a chave de nossas fraquezas e dúvidas, nosso calcanhar de aquiles, aquilo que enfraquece nossas convicções e certezas. Eles expressam emoções diversas sobre o conflito que estão vivendo conosco e nós, os pais, entendemos e decodificamos perfeitamente as emoções por eles expressas; pior ainda, somos tocados por essas emoções, afinal estamos conectados muito estritamente com eles pelo *wi-fi* da empatia.

Quanto mais renunciamos a nossas convicções parentais, quanto mais titubeamos e perdemos as certezas, mais estamos abertos a erros, visto que ficamos propensos a ceder com mais facilidade aos caprichos dos filhos e nos enfraquecemos como figuras de autoridade. Lembremos que tudo o que os pais devem representar para os filhos consiste em autoridade com afeto, cuidado e empatia; portanto, devemos, sim, ser figuras de autoridade, e não há nada de errado nisso. Autoridade limita, modela e impõe respeito. Nossos filhos devem nos respeitar da mesma maneira que nós devemos respeitá-los – essa é a verdadeira educação empática, a educação com amor, e isso tudo preferencialmente sem a presença da culpa excessiva ou mesmo patológica.

A culpa funciona para nós como uma pena autoaplicada, e ela costuma ser dura. Há um fenômeno conhecido e estudado por psicólogos que demonstra que, quando julgamos a nós mesmos, tendemos a ser mais rigorosos do que quando julgamos os outros. Por exemplo, pais que perdem o controle e dão uma palmada no filho podem dividir sua culpa com amigos, os quais tenderão a amenizar o fato. Os amigos dirão coisas como estas: "Você estava estressado"; "Ele levou você ao limite"; "Isso acontece"; "Foi apenas uma palmada"; "Você nunca faz isso"; "Você é uma excelente mãe"; "Você é um excelente pai". "Não é isso que o caracteriza nem faz de você uma pessoa má para seu filho".

Isso é a sentença externa, mas quando se trata de avaliarmos a nós mesmos, a autoindulgência não costuma se fazer presente, e na ausência dela nos tornamos mais duros conosco do que se estivéssemos avaliando um comportamento esporádico de uma terceira pessoa.

Há uma curiosidade relacionada à culpa: ela costuma ser mais presente e intensa com o filho mais velho. Os pais estreantes têm uma autoexigência maior de desempenho com o primogênito. Então, seguindo essa lógica, qualquer coisa que saia diferente do esperado revela as falhas, os equívocos e as inabilidades dos inexperientes papais e mamães. Do segundo filho em diante, tendemos a relaxar um pouco mais, mas quando o terreno é fértil para a culpa, ela marcará presença na filharada toda. Só para lembrar, estamos falando de tendências, ou seja, comportamentos com maior expressão matemática quando avaliados pela metodologia científica.

O ato de educar outro ser humano nos faz demandantes de novas aprendizagens, de novas habilidades e de maior refinamento emocional e cognitivo para que nossas interações sejam mais benéficas e saudáveis para todos os envolvidos no processo. Nós precisamos, cada vez mais, da busca da informação e da atualização dos dados de realidade científica para uma profunda reconfiguração de nossos valores e das crenças sociais que nos são passadas de geração a geração e por nós aceitas passivamente.

A vida aí fora tem nos mostrado que a cada dia que passa a sociedade tem se tornado gradativamente mais sofisticada e complexa com as emergentes e incessantes novas configurações que vêm surgindo no contexto social e que nos demandam o entendimento, a aceitação e a incorporação delas em nossa mente e atitudes.

O mundo está muito mais complexo atualmente. Não fomos educados para lidar com tal complexidade, nossas ferramentas estão ultrapassadas e encontramo-nos deficitários de recursos, de modo que a informação e a empatia serão a chave para uma necessária atualização e um convívio harmônico e empático entre nossos pares. Hoje testemunhamos uma diversidade humana como nunca houve em tempos passados: as pessoas estão se sentindo à vontade para serem autênticas na expressão de suas preferências, e é por isso que precisamos entender e aprender a desenvolver aceitação, respeito, solidariedade, inclusão e empatia com as novidades.

Nenhuma pessoa precisa comungar dos mesmos valores de ninguém, nenhum indivíduo precisa incorporar crenças ou atitudes alheias se elas não lhe são representativas; entretanto, para a harmonia social e o culto à liberdade individual, obviamente respeitando os acordos e os limites sociais, precisamos de ferramentas socioemocionais para a flexibilização de nossos conceitos e preconceitos a fim de lidar com as diferenças, acima de tudo, com muita tolerância.

Quem ganha com isso é o sistema social, pois o respeito e a empatia para com o outro mantêm a coesão e o equilíbrio das relações interpessoais e grupais. Condutas individuais afetam a coletividade, pois o sistema social nada mais é do que a soma das individualidades. Por esse motivo é que precisamos dar início a um processo educativo dentro de casa e em nossas escolas infantis, e isso terá efeito da porta de nossa casa para fora. Empatia se aprende, se exercita e deve fazer parte do sistema educacional em um nível o mais amplo possível: os efeitos serão percebidos em curto prazo.

Hoje convivemos com pessoas que expressam sua sexualidade com uma diversidade nunca vista nem experienciada com tanta frequência e intensidade na história humana. Temos desde pessoas assexuadas até pessoas trans em nosso entorno, uma diversidade representada pela sigla LGBTQIAP+, a qual já poderá ter sido atualizada quando você estiver lendo este livro, numa frenética abertura que promove a libertação e a expressão democrática do ser humano e de sua diversidade sexual.

Você pode se considerar um conservador e achar que nada do que foi apresentado até agora é parte de sua bolha cultural, mas não esqueça que seus filhos estão no mundo e que sua bolha não é tão hermética assim. Hoje em dia convivemos com a diversidade em nossas casas e famílias, no trabalho ou mesmo num café ou na padaria da esquina. Hoje temos crianças nas escolas oriundas de famílias com configurações bem diferentes das tradicionais e ultrapassadas famílias que conhecíamos até então: temos famílias compostas apenas por homens, famílias constituídas apenas por mulheres, famílias com um membro trans, famílias compostas por trisais ou por mais de três pessoas envolvidas emocional e sexualmente, e suas crianças irão interagir nesse mundo – queira você ou não. Lembre-se de que você não controla nada e não tem o poder de escrever o roteiro da vida de ninguém, nem mesmo de seus filhos.

E por isso eu pergunto: será que estamos abertos e preparados para nossos filhos desfrutarem da liberdade que a diversidade moderna lhes oferece, sem demonstrarmos nenhum tipo de culpa por suas escolhas? Sem informação e sem uma reconfiguração de valores, você se acha pronto para dar conta dessas novas demandas sem se automartirizar? De alguma maneira essa complexidade toda não nos vulnerabiliza como pais para o ataque da famigerada culpa infundada?

Por tudo isso, fica nitidamente visível para nós a complexidade que é educar uma criança desde seu nascimento até a vida adulta. Eu insisto na tese de que, se tivéssemos acesso a informações precoces sobre parentalidade numa escola de pais, muitos dos candidatos a papais e mamães desistiriam do projeto na metade do caminho. Nosso cérebro cartesiano deveria trabalhar em prol de nosso bem-estar, interferindo nos algoritmos reprodutivos que a biologia nos impõe; isso evitaria muitos danos e problemas para nós, mas sobretudo para as crianças e adolescentes, principais vítimas de adultos desregulados, desinformados e despreparados para as funções parentais.

É claro que muitos pais seguiriam na jornada de ter filhos, pois isso faz sentido na vida de muita gente, mas a informação previamente trabalhada permitiria a permanência de pais legitimamente vocacionados, pais que não respondem a chamados de parentalidade compulsória imposta pela sociedade ou pelos algoritmos biológicos que nos impelem à reprodução. O processo da informação prévia promove uma seletividade na qual os mais propensos a serem pais calorosos, disponíveis e amáveis prevaleçam em relação aos negligentes e incapazes para a função parental.

Recentemente uma mãe me falou algo sério, mas que acabou tendo um lado divertido que nos pôs a rir juntos: "Até curso de noivos eu tive que fazer para me casar, mas para ser mãe, que é muito mais desafiador, não existe nenhum preparo formal, nenhuma aula sequer, a não ser aquelas lições para pais que nos ensinam a amamentar, trocar fraldas, aprender qual a melhor chupeta e mamadeira, como lidar com as cólicas e identificar os sinais de uma virose".

Eu gosto de chamar a possibilidade de informar as pessoas sobre o que sabemos cientificamente de democracia do saber. É ela, a tal democracia, que nos possibilita chegar ao caminho da libertação, da escolha e do confronto com nossas ignorâncias, incapacidades, limitações e inoperâncias – ela é a insurgência contra um sistema educacional arcaico.

É ela que nos permite a aceitação da falibilidade. Aliás, é ela que torna a incompletude normal, que nos leva ao caminho do verdadeiro humano, e não deste ser idealizado e criado à imagem e semelhança de um Deus infalível, perfeito e, por consequência, implacável diante de nossos pecados.

Essa cultura impregnada do moralismo judaico-cristão nos coloca no lugar dos faltantes permanentes. Na via oposta, como um lugar impossível de atingir, está a perfeição, nos exigindo e cobrando atos perfeitos o tempo todo. É fácil adoecer assim, é fácil comprometer nossos laços afetivos assim: somos educados para não aceitar o erro.

Por sua vez, na via da ciência, quanto mais conhecemos o comportamento humano, mais entendemos que a imperfeição é nossa identidade. Talvez seja justamente isto – aceitar a imperfeição é o que nos faz perfeitos.

Gosto muito de uma frase atribuída a Buda, não sei se é dele de fato, mas os budistas costumam repeti-la com frequência: a vida é perfeita em todos os seus detalhes e tudo o que acontece é, por pior que nos possa parecer, a perfeição da natureza acontecendo; assim, tudo é exatamente como deveria ser.

Essa sentença não significa uma inação, uma paralisia diante de nossa capacidade de revertermos as coisas e de nos tornarmos sujeitos de nossa história. Gosto dela pois, em suas entrelinhas, percebo um passo em direção à aceitação de nossas imperfeições e da beleza que existe mesmo nos atos incompletos e imperfeitos.

Aqui entra a capacidade ativa de autocompadecimento em relação a nossa condição de pais e mães. Com informação adequada, abrimos nossa cabeça e lançamos atos transformadores e libertadores na cultura, atos que nos permitem, sobretudo, ter uma relação saudável com a culpa, uma relação da qual desfrutemos o que há de bom e transformador no convívio com ela.

Que sejamos capazes – depois de conhecer e aceitar nossos limites e de não cair na armadilha da culpa doentia que nos aprisiona, tortura e distancia de quem amamos – de exercer a função mais desafiadora de nossa vida: educar nossos filhos.